サラ金・ヤミ金大爆発

亡国の高利貸

三宅勝久

花伝社

サラ金・ヤミ金大爆発——亡国の高利貸——◆目次

Ⅲ章　サラ金残酷物語

プロローグ——ある自殺

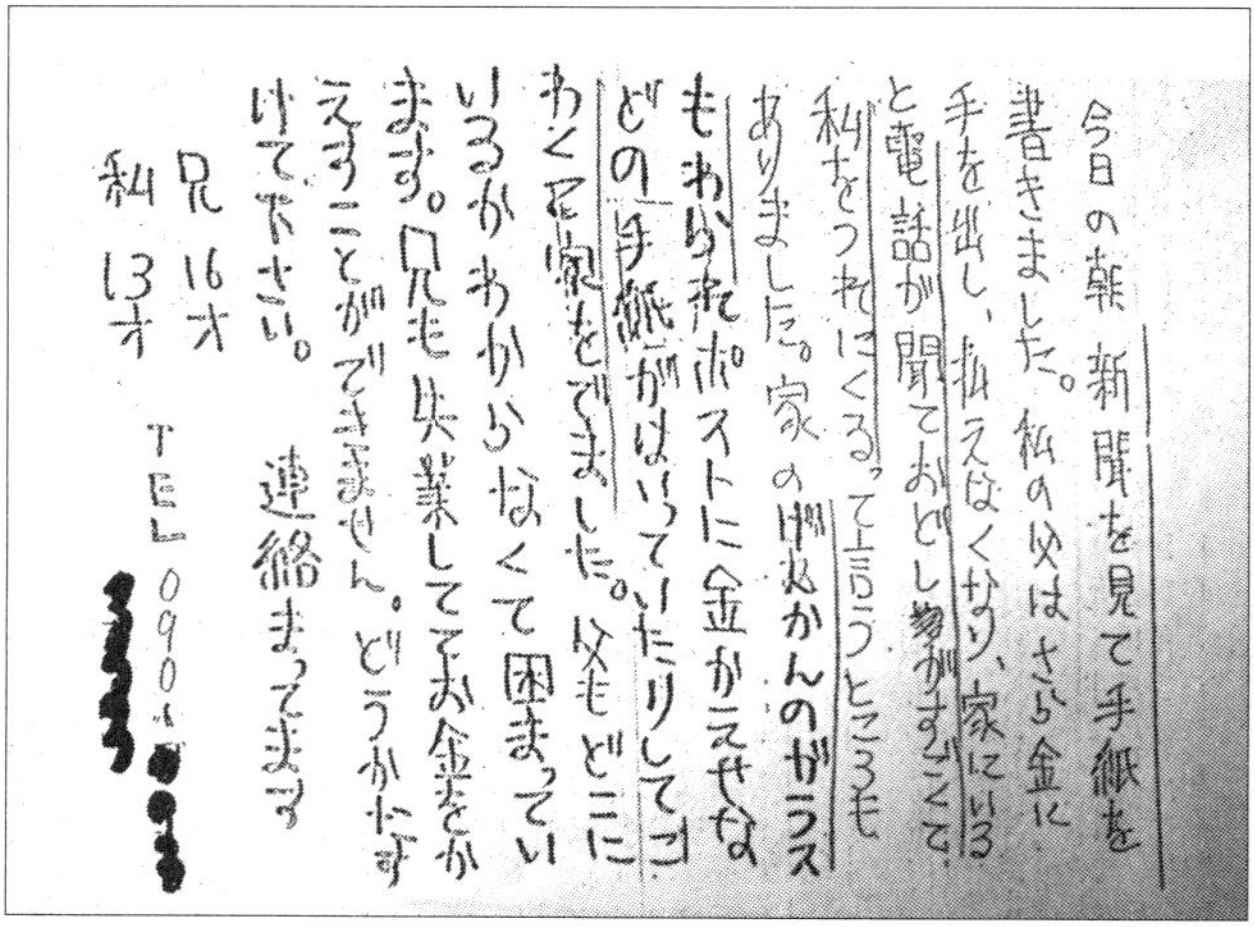
今日の朝 新聞を見て手紙を
書きました。私の父はさら金に
手を出し、払えなくなり、家にいる
と電話が聞ておどし物がすごくて、
私をつれにくるって言うところも
ありました。家のげんかんのガラス
もわられポストに金かえせな
どの手紙がはいっていたりしてこ
わくて家をでました。父もどこに
いるかわからなくて困まってい
ます。兄も失業してお金をか
えすことができません。どうかたす
けて下さい。 連絡まってます
兄 16才
私 13才 TEL 090-[redacted]

今日の朝　新聞を見て手紙を書きました。私の父はさら金に手を出し、払えなくなり、家にいると電話が聞《ママ》ておどしがすごくて、私をつれにくるって言うところもありました。家のげんかんのガラスもわられポストに金かえせなどの手紙がはいっていたりしてこわくて家をでました。父もどこにいるかわからなくて困まっています。兄も失業してお金をかえすことができません。どうかたすけて下さい。連絡まってます
兄　一六才
私　一三才
TEL　090―〇〇〇〇―〇〇〇〇

（全国クレジット・サラ金被害者連絡協議会「太陽の会」に送られたファックス。会が相談に乗りかかった矢先に電話が不通となり、それっきり連絡は途絶えた）

四国地方で桜が咲き始めた二〇〇三年三月のおわり、私は四〇歳代の女性・綾子の話に耳を傾けていた。生々しくて残酷な話であったが、しっかりとした調子で淡々と語りつづけた。話の内容は夫の死――自殺である。夫の自殺について彼女は、毅然として取り乱すことなく淡々と話すのであった。悲しみを懸命に押し殺している、誰かに話を聞いてもらうことで自分をかろうじて支えている、そんな痛々しさがにじんだ。

綾子の夫が自殺したのは一ヵ月前のことだった。原因はサラ金苦。残された遺書には、サラ金の取り立てに追いつめられた思いが乱れた字でなぐり書きされていた……。

兄貴、おねえさん。ばあちゃん、綾子、子どものことをくれぐれ《ママ》よろしくお願いします。迷惑ばかりかけてほんとうにすいません。

ほんま心から感謝してます。

さいご電話したかったけどできませんでした。

いろいろありがとうございました。

できるものなら子ども学校へ行かせてあげたいので、親戚の皆さんで話して、中高は行けるようにお願いします。

今月のごはんも食べられない状態になってしまったので、これ以上生きていけません。

ひとつ言いたかったのはP社（中堅サラ金）の人にはきつい言葉でお金を催促されて

ノイローゼになりました。中太りの男の人です。
うらみます。
どうか本当に、ばあちゃん、綾子、
子どもたちのこと、お願いします。
もう体も悪くなって病院にも行けないので
これ以上家族にお金がかかってはと思って
勝手してしまいます……

その夜、夫はいつものように夜勤の仕事に出ると言って家を出た。玄関先で綾子が「子どもの迎え（を）頼むな」と用件を伝えると、夫は「わかった、そのまま仕事にいくけん」と返事をした。綾子は子どもの学校の用事に出かけるために右手へ、夫は駐車場のある左手へと分かれた。なんら変りのない日常の光景……。それが夫妻にとって最後の会話になろうとは。

朝になって綾子はようやく異変に気がついた。夫が帰っていない。

「お父さんから電話あった？」

子どもに尋ねても答えは否。何度も何度も携帯電話を鳴らしたがいっこうにつながらない。五回、六回とかけるごとに胸騒ぎが増す。「まさか……」という思いを打ち消すような心境で一夜がすぎた。

翌朝五時。夫が勤める運送会社から電話がかかってきた。

「戻っていますか？」

社員の問いに綾子は思わず声をあげた。夫は仕事に行っていなかった。

「いや……昨日から連絡が取れないんですが……会社に行っていないんですか？」

もしも、という考えが現実感を伴って頭をよぎった。不安が募る。だが、いったいどこをどう探せばいいというのか。夫は車に乗ってどこかへ行ってしまったに違いない。気をもむばかりでなす術も見つからなかった。


やがて日が昇った。そしてまもなく、夫は見つかった。発見したのは、同居している綾子の母である。夫は、変わり果てた姿だった。

「この日はちょうどごみの日でした。朝の九時半ごろ、ごみを出した帰りに母は『なんか嫌な予感がする』と言って自宅からやや離れた駐車場へ向かったんです」

仕事に出かけているはずだ、まさか車が中にあるなんてことはあるまい……そう願いながら母が車庫のシャッターを開けてみると、果たして車はそこにあった。車のドアは開いた。

綾子が駆けつけたときには、すでに夫の体は冷たかった。車内に練炭のコンロが置かれていた。真っ白になった頭で、綾子はかろうじて救急車を呼んだ。救急隊員が来た。隊員の中にたまたま綾子の同級生がいた。同級生は夫の様子を見てこう言った。

「悪いけど、もう僕らが手を出せる範囲ではなくなってしまっているから……警察に連絡するから待ってて」「気いちゃんと確かに持っときなよ」

綾子は呆然として涙も出なかった。

「まさか死ぬなんて。子どものためにも一緒にがんばろうと、話し合ったばかりだったのに……」

ぜいたくはできなくても十分暮らしていけるだけの収入はあったはずの綾子の家族。だが、いつのまにかサラ金による〝高利の連鎖〟に取り込まれ、挙句にヤミ金にも襲われて、その横暴に苦しんでいたのである。

年利数千パーセントという超暴利をむさぼるヤミ金業者は、職場や自宅に脅迫・恐喝電話を連日のようにかけてきた。懸命に金を払う。夫婦で月に数十万円を稼ぎながらも、サラ金数社の「支払い」に十数万円を奪われ、残りをヤミ金に吸い取られる。財布の中に百円玉しかないような暮らしに追いやられた。職場に来たいやがらせの電話が原因で綾子は職場を追われた。

他人には言えないつらさに襲われたという。

「つらいとかいうのをもう超えていますよね。苦しいとしか言いようがない。夫には『いっしょに死んでくれ』とも言われました。死んだら楽になると思ったのでしょうね。お金の返済のことしか頭になかったんでしょう。私もお金のことがいつも頭にありましたが、それだけじゃ生活できないじゃないですか。子どものこともあるし……。死んでもなんにも解決せん、と私は答えました」

ヤミ金の入り口はサラ金だった。しかし不思議なことに、綾子はいったい何のためにサラ金から借りるようになったかを思い出せない。なぜ借りたのかと尋ねても「支払いがあるから家計が苦しくて」と繰り返すばかりだ。その支払いとは、サラ金の返済である。サラ金のためにサラ金から借りる矛盾。しばらく問答を繰り返してから綾子は顔を上げて言った。

「いったん借りたサラ金業者の場合、電話を入れればすぐに借りられるというのがあるじゃないですか。『二年前に借りたことがあるんです』と言えば、仕事さえしていれば簡単にお金が出るんです。それで安易に借りたってことも借金に苦しむようになったひとつの原因ですね」

サラ金から借りて年二九・二％近い金利を払っていくとなると、まず普通のサラリーマンなら多重債務に陥らない方がまれだろう。そのからくりに綾子は気がつかなかった。

「サラ金から借りて家計を補充する生活を何年も続けてきたからでしょうか。『今月はこれだけしかないから仕方ない』というのではなくて、お金が足りないから、これだけこっち（サラ金）から都合できないかな、と考えてしまうんです。それで結局こういう状態になってしまったんですけれど」

今月は少し厳しいかな、というときでもやりくりをすれば乗りきれたはずだ。しかし、簡単にお金を出す（借りる）方法を知った綾子は、どうしても簡単な方を選んでしまったという。それが悪循環を招いた。

サラ金の借り入れがかさんでくると、やがて融資勧誘のハガキが大量に舞い込むようになった。文字通り、羊の皮をかぶった狼、ヤミ金からである。「二万円借りて一〇日後に三万五〇〇〇円。払ってくれたら次は二〇万円出しますよ」という甘い言葉に乗ったのを皮きりに、たちまち〝借りては返す〟式の自転車操業に陥った。

「今日入金できるんか」

業者から職場に電話がかかる。

「午後三時までには行けると思います」

なんとかやり過ごす。しかし金はなく銀行に行く余裕もない。再び電話がかかる。

「入っていないから入ってない言うんやろ！」

受話器からもれる怒声を同僚に聞かれたくない一心で、相手をなだめる。

「四時半すぎにこちらから電話を入れますから待ってください……」

絶望的な状況で綾子が駆け込んだのが「全国クレジット・サラ金被害者連絡協議会」加盟の被害者グループだった。そこで、彼女ははじめて自分の無知を知った。出資法（上限年利二九・二％）違反のヤミ金は犯罪者集団であること。年利二九・二％以内で商売をしているサラ金でも利息制限法（年利一五～二〇％、ただし罰則なし）違反であり、債務者は余分な金利を払わされてきたことに気がついたのである。

「生活をやり直せる……」。ようやく一縷の光が見えてきたと、綾子が希望を感じたその一方で、夫は心身ともに疲れきっていたようだ。

夫の自殺からさかのぼること約一ヵ月、昼夜問わず襲ってくるヤミ金の猛烈な取り立てに夫妻は困り果て、警察へ相談に行ったことがある。もっと早く相談すべきだったのだろう。ともかくヤミ金の横暴はどうにか収まった。「ひとつ山を越えた、とほっとしたんです」と綾子は言う。

山を越えたにもかかわらず夫の様子が目に見えて変ってきた。食欲がない。肉が落ちてげっそりとやせ、顔色も悪い。家族に内緒で病院に行っている様子で、机の上には薬が乗っていた。

「薬見て、ああまた病院に行ったな……と。口には出さないですけど」

精神的に参っていることは、綾子にはよく分かっていた。

「でも参っているのは私も一緒やから、これで負けたら子どもたちどうなるん？『子どもたちのためにがんばるしかない』と夫婦で話をして……本当にその矢先だった」

綾子には、夫を死に追いやったものが何だったのかが分からない。いったい何があったのだろう。

手がかりは、亡夫が「うらみます」と遺書で名指ししたサラ金「P社」である。綾子はこのP社から金を借り、払えなくなっていた。夫はその保証人になっていた。遺書に残されたこの業者の名を見て、綾子は亡くなる数日前の食卓での会話を思い出した。

「きょう取り立てに来た人は、とにかくものすごい口調でもう……あれは凄いわ」と、確か夫は嘆いていた。P社の社員が職場にまで取り立てに来たということだった。ちなみに、職場へ債権回収に行くことは貸金業規制法で禁止されている行為である。

夫が逝ったあの日、呆然とする綾子に刑事が夫の携帯電話の番号を書き出して見せた。

「これ奥さんの番号ですか……かなり鳴らしていますね。この時点ではたぶん意識はなかったんではないでしょうか」

刑事の言葉に綾子は、必死に電話をかけていた自分の姿を重ねた。「子どもを迎えに行ってね」と頼んで玄関先で別れたその晩。夫は約束どおり子どもを家に送りとどけた後、仕事には行かず、ガレージに車を入れて内側からシャッターを閉めた。そして睡眠薬を飲んだ上で、練炭をつかい一酸化炭素中毒自殺を図ったのである。乱れた字でしたためられた遺書は、薬で意識が薄れる中で書かれたものだろう。

夫の携帯電話に残された発信番号の最後の時刻は、午後八時四四分。番号は08××―1111。途中の局番が抜けており、実際に通話できなかったらしい。綾子は気になった。

「最後四桁の『1111』がずっと頭にあって。どっかの番号なんだろうけれど分からなくて、考えていたんです。それが昨日始めて分かりました」

番号の下四桁は、サラ金P社の地元支店のものと一致した。

「たぶん意識がもうろうとして、途中の局番は押せなかったのかなと。だから……」

綾子は声をつまらせた。

「だから……最後にそこ（P社）に電話をかけて何かを言いたかったと思うんです」

通夜に来た夫の同僚は「サラ金の取り立てのような人が職場に来て、ご主人と話をしていた」と教えてくれた。何らかのやりとりがサラ金P社と夫の間に交わされたことは間違いない。いったい何があったのか、夫は最後に何を言いたかったのだろうか。

「夫の件が本当に解決するまで終わりは来ないと思うんです」

綾子は、夫の死の真相を知ろうといまも自力で調査を続けている。


警察庁によると、二〇〇二年一年間の自殺者は三万二一四三人で、五年連続で三万人を超えた。一日あたり一〇〇人近くが自ら死を選んでいる。「先進国」の中で、異常に自殺者が多い国、日本。このほかにも統計にあがってきていない悲劇が多くあるに違いない。ひとりひとりの死者には家族がいるから、単純に計算しただけで、少なくとも毎年一〇万人から二〇万人の人たちが身内を失って悲嘆にくれていることになる。まるで内戦である。飢餓や戦争に苦しんでいるわけではないのに、なんと悲惨な社会だろうか。

自死の背後には途方もつかない数の自殺未遂が起きていると考えられる。さらにその外側にいる「死にたい」と思いつめ苦しみながら日々暮らしている人は、いったいどれほどになるのだろう。悲劇の国である。

昨年の自殺者三万二一四三人のうち、「経済・生活問題」による自殺は、過去最多だった前年を一〇〇〇人以上も上まわる七九四〇人に達した。サラ金や商工ローンをはじめ、ヤミ金(恐喝金融・暴力金融)やシステム金融(ヤミ商工ローン)の横暴にさらされ、絶望してしまった人たちだ。

私がこれまでに出会ったサラ金・ヤミ金の被害者たちは、一様に一度は自殺を考えている。本来払わなくてよいほど多くの利息を払ってきたことも、消費者を守るはずの法律があることもまったく知らなかった人たちだ。「借りたものは返せ」という重圧の中で自分を追いつめ、まんまと借金地獄のわなにはまり、人間の尊厳を破壊され、社会との絆も断ち切られて希望を奪われてしまっていた。

それでも、振り返ることができる人たちはまだ幸運だろう。各地にある多重債務者の自助グループや法律家に駆け込んで、調停や破産、任意整理、民事再生など、生活を再建するためにある制度を使って立ち直りを図ることができるからだ。全国で約一五〇〇万人のサラ金・クレジット利用者がおり、そのうちざっと一五〇万人が破産予備軍だといわれる。そのほとんどが、サラ金の恐さと借金地獄からの脱出方法を知らないでいる。

武富士、アコム、アイフル、プロミスといった大企業をはじめ、サラ金と商工ローンは罰則のない利息制限法(年利一五~二〇%)に違反し、出資法(年二九・二%)に触れない、いわゆるグレーゾーンで営業している点に最大の特徴を持っている。本来払わなくてもいい高金利を、サラ金の利用者は知らずに払わされている。このからくりを知っている人は、金に困って判断能力を失っている場合を除き、まずサラ金からは借りない。そんな高金利で返済できるわけがないからだ。預金金利が〇・〇〇……一%の時代に、三〇%近い金利である。いずれ債務超過に陥るのは自然な成り行きだ。そしてサラ金の支払いに行きづまったところへヤミ金が襲い掛かる。

　こうした高利貸金業を好き放題にもうけさせた結果、多くの働き盛りの人たちを破綻に追いやり、自殺者を出し、犯罪も増やしてしまった。一日も早く制限金利を厳しくするなど法を整備して、真に消費者のための融資システムを取り戻さなければ、この国の将来はあるまい。

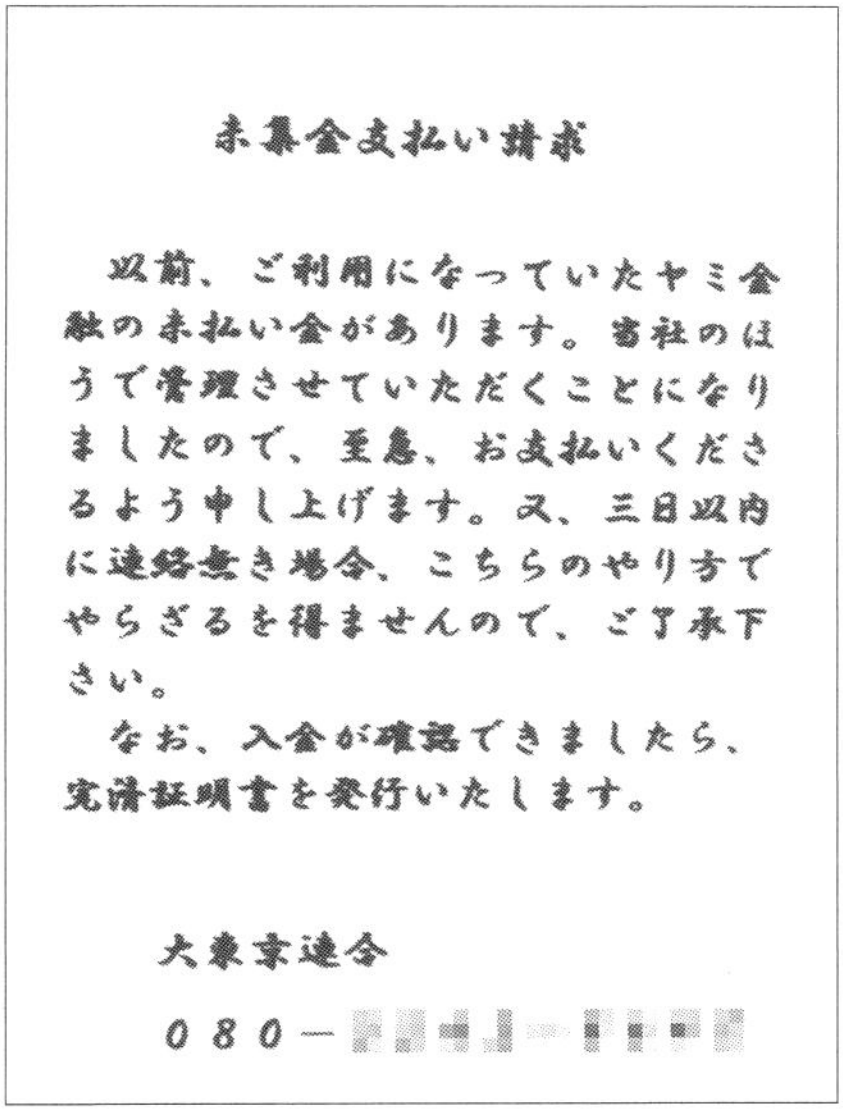
未集金支払い請求

以前、ご利用になっていたヤミ金融の未払い金があります。当社のほうで管理させていただくことになりましたので、至急、お支払いくださるよう申し上げます。又、三日以内に連絡無き場合、こちらのやり方でやらざるを得ませんので、ご了承下さい。

なお、入金が確認できましたら、完済証明書を発行いたします。

大東京連合

080—[redacted]

ヤミ金を名乗る脅迫状

　貸金業界は「出資法の上限金利を三四・六七五%に上げるべきだ」と主張している。金利規制をなくせとすらいう。とんでもないことだ。これ以上、サラ金の金利を上げればどういうことになるのか。破綻者を増やし、さらに悲劇を生むのは火を見るより明らかだ。

　高利貸が跋扈《ばっこ》する日本社会が、どれほど悲しく残酷で、世界でまれにみる恥ずかしい姿であることか、ことあるごとに私はその思いを強くしている。「借金」という銃弾を浴びてばたばたと人が倒れていく。貧困という銃弾とも違う。弾圧とも違う、日本独特の「借りたものは返せ」という目に見えない圧力と社会からはじき出す「借金」の恐怖。日本は〝恐怖〟という〝銃弾〟が飛び交う戦場である。だが、分かりきっていることながら、サラ金に対する債務（債権の場合だってある）には死ぬほどの価値はまったくない。銀行を見るがよい。めちゃくちゃな不良債権を抱えて破綻した上に開き直っているではないか。

借金で死を選ぶ人が一人もいない「平和な」社会は、いったいどうやったら取り戻せるのだろうか。もはや、そう願うこと自体が「平和ボケ」した日本人の高望み、ないものねだりに過ぎないのだろうか。否、希望はきっとある。どんなに荒廃した社会でも必ず再生できるはずだ。死の淵に迷いながらも立ち直った多くのヤミ金・サラ金被害者と支援者たちがいる。彼らはみんな、さわやかな明るさをたたえている。絶望していた人が再び得た生きる力だ。この力強く生きる人たちの明るい笑顔の中にこそ、希望へのヒントがあるに違いない。

Ⅰ章　ヤミ金爆発前夜

090金融のチラシ

つい数年前まで、違法な高金利を要求するヤミ金はどこにあるのかも分からない「日陰」の存在だった。金策に窮した債務者がそれなりの覚悟をして向かった「ヤバイところ」だったのである。金利も当時は一〇日で一割（年利三六五％）が主流だった。現在のような数千％、一〇〇〇〇％などという業者が数万軒もいるという惨状とはほど遠かった。もし一軒でも一〇〇〇％を超える業者が見つかれば、それだけで新聞ダネになっただろう。それだけまだ健全な社会だったのかもしれない。

確実に言えることがある。火ダネが小さいうちに警察がしっかり取り締まっていれば、いまのようなヤミ金〝産業〟の爆発的な増殖と横暴はなかったということだ。大不況の始まりと規制金利の引き下げ（二〇〇〇年六月から出資法上限金利が四〇・〇〇四％から二九・二％に引き下げられた）と期を同じにして、ヤミ金が増える兆しはすでにあり、警告する声も出始めていた。

それにもかかわらず、警察が積極的に取り締まったという形跡はほとんどないといっても過言ではない。むしろ「借りたものは返せ」と、本来被害者であるはずの人たちに向かって警察官が言い放つケースも続出した。出資法違反という刑事事件を目の当たりにしながら、加害者のヤミ金に金を払えと言う。「泥棒に追い銭」を奨励する警察官。いわゆる「民事不介入」伝説がまかり通る時代だったのだ。

金利は取り放題、登録だけで免許もいらない。投資もわずかだ。不況を背景にサラ金で苦しんでいる「カモ」はわんさといる。違法だから税金も払わない。そしてめったに捕まらない。仮に捕まったとしても改正前の法律下では略式で罰金数十万円か、せいぜい執行猶予付きの「温情判決」だ。となれば、これほどおいしい商売があるだろうか。かつてこそこそと商売を続けていたヤミ金は、やがて一ヵ月で億の金を稼ぐ業者が万単位に増殖した。いまや泥棒・略奪・追いはぎ行為をほしいままにする一大産業に発展したヤミ金。この地下経済の爆発的隆盛に「解禁」を与えたのは、間違いなく警察の怠慢である。警察がしっかりやっていればこんな惨状にはなっていなかった。

なぜ、火が小さいうちに消しておかなかったのか、未曾有の惨事になるまで放っておいたのだろう。真相はいまだに謎である。

1　元祖ヤミ金

「といち」

四国地方にあるサラ金問題被害者の会で相談員を務める岡山は、かつてヤミ金に追われて自殺を考えるまで追いつめられた経験がある。いまからざっと一〇年近く前、一九九四年から九六年にかけての出来事だ。当時は「ヤミ金」という言葉すら一般には知らない人が多く、まして借りるとなると何らかの「ルート」を通さないと接触できないのが普通だったという。少なくともいまのように、ヤミ金が堂々と広告を打ち、誰もがヤミ金の餌食になりうる状況とはほど遠かった。

岡山は「名義を貸してくれ」という知人の口車に乗せられてヤミ金から借りるはめになった。そのときの様子を次のように語る。

「業者の相手の電話番号のみを教えられ、そこに電話したんです。男の声がして時間と場所を指定されました。『桜町中学校のバス停で午後八時ごろ』だったと思います。約束の時間に待っていると高級乗用車がやってきた。中から出てきたのは柄入りのシャツにスーツ、サングラスをかけたやくざ風の男が二人。男は『これに名前を書け』と借用書を取り出し署名を求めました。利息の部分は空白でしたが、言われるままに街灯の明かりを頼りにボンネットの上で書いたんです。借用書の控えはくれませんでした。次に男はセカンドバッグから一八万円を出して手渡しました。利息は『といち』、つまり一〇日で一割の二万円です。一〇日後に二〇万円を返済しろということで、それが無理なら利息分だけ二万円を払えと言われました」

同様にしてヤミ金数軒から岡山は借りた。ある業者は喫茶店に呼び出して借用書を書かせた。別のケースでは知人の借金の保証人になった。知人は最初のうちこそ「利息」分を払っていたもののの、じきに「飛んだ」。要するに行方がわからなくなってしまった。そのつけが岡山のところへきたのである。

岡山の実家は肉店を経営している。その店先に、取り立てと称して回収担当の男たちが押しかけた。

「おのれの息子に金貸しているんや、返さんかい！」

客がいる目の前で、男たちはどなり声を上げた。

「息子のことだから私には関係ない……」

母は必死の思いで追い払おうとしたが、男たちは帰らず、家族は途方に暮れた。ほとんど商売ができないありさまだった。一方の岡山は、恐怖のあまり逃げるような暮らしを強いられた。深夜に人目を忍ぶようにして帰宅する。知らない車が止まっているのを見て、再び引き返す……。

そんな逃亡生活も長くは続かず、岡山はある日とうとうヤミ金の暴力団員に呼び出されてしまった。呼び出したのは「トミさん」という人物だ。

「とりあえず、すぐに来い」

トミさんは電話で指示した。暴力団事務所に来いという。とても逆らえない。岡山は観念した。

駅前のとあるビルの一室にあるK組の事務所。岡山は震える手でドアを開け、中に入った。組員らの目が一斉に注がれた。

「まあ、かけえや」

親分格の幹部がドスの聞いた声で言った。岡山は恐る恐るソファに腰を下ろした。向かいのソファには親分とトミさんが並んだ。奥の机には、別の幹部がにらみを利かせて座っている。彼は法律に詳しそうなインテリ風だ。ついたてを隔てて別室が区切られており、「若い衆」五人が雑談している様子が伺えた。

「どうするんや?」

親分格は、借用書を取り出した。金額の欄には「一〇〇万円」とある。保証人のところには紛れもない岡山の自筆のサイン。実印もある。知人に頼まれて保証人を引き受けたものだ。ただ、金額についてはまったく知らなかった。言われるままに署名しただけである。まさか信頼していた知人が逃げるとは考えもしなかった。岡山は悔やんだ。いくら悔やんだところで取り返しはつかない。

「すみません、払えません」

岡山は意を決して言った。実は、彼はサラ金数社からも金を借りており、その取り立てに窮していた。払えるめどはまったくなく、自己破産する方向で手続きをとっている最中だったのだ。

「まあ、借用書もあるし、払わないかんやろのう」

親分格が淡々と言った。

「すみません、払えません。破産します」

懸命に繰り返すと、別の組員が言葉を継いだ。

「法律上、裁判をやっても払わないかんぞ」

岡山は必死で頭を下げた。

「借りるときも、一〇〇万円ということは知らなかったし……」

「これがある限り有効なんじゃ！」

組員が借用書を目の前に示した。

「どうするんや！」「保証人になっとんや、どうするんや！」

やんわりと言葉を選びながらも凄みを利かせる言いっぷりに、岡山は完全に脅えてしまった。涙が出てきた。とうとうソファから降りて床に正座し、頭をこすりつけた。

「すみません、払えません」

「どうするんや！　どうするんや!!」

「すみません……」

三時間はたっただろうか、昼ごろから始まった詰問は夕方にさしかかろうとしていた。ついに親分格は言った。

「もうええわ、帰れ！」

ほっとして顔を上げた岡山に向かって「トミさん」が言い捨てた。

「その代わり、町でお前見かけたら若い衆がどないするかわからんぞ、分かっとるやろうのう……」

岡山は身の危険を感じてすぐに町を離れ、しばらくの間は身を隠すように暮らした。数ヵ月して帰宅した後も不安は消えず、いつ襲われるかとびくびくしながら過ごしたという。

警察署で取り立て

「ヤミ金」とは、刑事罰のある法律に違反した違法貸金業のことを指す。つまり貸金業規制法と出資法に違反している金貸しのことである。貸金業登録をせずに貸金業をした場合は「無登録営業」として貸金業規制法違反に問われる。また出資法上限金利（年二九・二％）を超えた金利を取ったり契約をした場合は「三年以下の懲役、または三〇〇万円以下の罰金（改正前）」という刑事罰に問われる。もちろん、いやがらせをしたり生活を脅かしたりすれば金貸しであろうがなかろうが脅迫・恐喝にあたる。

だが実態はというと、警察は金貸しに極めて甘い。最近は少しは変わってきているものの、ほんの数年前までは警察はヤミ金に対してまったくの無力だった。犯罪を見逃していたと断言してよいだろう。

前述の岡山が暴力団事務所に行ったのは、警察に相談しても相手にされず方法がなかったからにほかならない。彼は「警察はあてにならない」と、あきれたように話す。それでも一度だけヤミ金に追われて警察署に駆け込んだことがある。そこでの顛末を次に紹介しよう。「なぜ?」というべきか「やはり」というべきなのか。岡山が間近に見た警察の姿は、「失望」だった。一九九六年暮れの出来事である。

ヤミ金に追われて恐怖の毎日を過ごしていた岡山は、ある夜、とうとうヤミ金の組員と関係者の三人組に捕まった。深夜二時ごろ、街中でふいに肩をつかまれたのである。

「おい、岡山やろ? どないするんや。とりあえず事務所に来い!」

組員は声を荒げた。

「何をされるか分かったものじゃない……」。岡山は顔をひきつらせながら、いかに断るか言い訳を考えた。そしてやっとの思いでこう言った。

「話をするなら警察に行きましょう」

警察で話をしようという岡山の提案を、意外にも組員は快く受け入れた。ヤミ金三人と岡山の計四人で向かった先は、香川県警北警察署。刑事が出てくると、組員の一人が大声を張り上げた。

「〇×組の矢崎やけど！」

「ワシも組のもんじゃ」

暴力団の周辺者とみられる飲食店の店員も見栄を切った。警察官にそれをとがめる様子は見られなかった。組員は借用書を取り出して刑事に見せ、続けた。

「こいつに金貸しとるんじゃ。それを返してもらうだけじゃ！」

一行は署の二階に場所を移動、岡山とヤミ金はそれぞれ別部屋で事情を話すことになった。

「知人にだまされて、名義を貸したんです。私が借りたのではない」

岡山は事情を話した。だが刑事は相手にしなかった。「借用書はお宅の名前やから」「お宅が借りとるんやからお宅が払わないかん」とすら言った。

岡山は同じ会社を共同経営していた知人に頼まれて、このヤミ金から二七万円を借りた。喫茶店に呼び出されて契約書を書いた。言われるままに名前・住所を書き込んだ。運転免許証で身元を確認した。契約書の額面は三〇万円だったが、実際に支払われたのは二七万円。利息の欄は白紙、契約書の控えはない。金は知人が受け取った。岡山はこの知人を完全に信用しており、金を払ってくれると思い込んでいた。その知人が行方不明になり、取り立てが岡山のところに来てしまったいきさつは先述した通りである。

困りきった岡山は、被害者の会に相談したばかりだった。ヤミ金とサラ金で多重債務状態に陥っていた。もはや自己破産しか立ち直る方法はなく、手続きを進めている最中だった。岡山はそのことを刑事に説明した。刑事は別室のヤミ金三人組のところへ向い、しばらくして戻ってくるとこう言った。

「警察は〝民事不介入〟で何もできない」

「午後九時以降は取り立てできないんじゃないですか」

なんとか助けてほしい一心で岡山は食い下がった。貸金業規制法で認められている債務者への連絡時間は午前八時から午後九時までだ。午前二時に取り立てるのが違法であることは歴然としている。そもそも存在自体が違法であるヤミ金に連絡時間もなにもないはずだが、切羽つまって警察に駆け込んだ被害者が、自分自身でそこまで訴えなければならないところに、警察がいかにこの問題に対して手ぬるいかを物語っている。

「破産するから払えない」「深夜に取り立てるのは違反です」

被害者の会で教わったことを、岡山は必死で繰り返した。別室のヤミ金三人組は、しばらく騒いでいる様子だったが、やがて帰っていった。

「いま帰ったらあぶないから、朝になって帰れ」という刑事の言葉にしたがって、その日は警察のソファで夜を明かした。翌朝、刑事は「また事務所に連れていかれたらいかんから、あっちへ回って帰りなさい」と岡山を警察署の裏口に案内してから外に出した。刑事の親切心をうれしく思ったものの、帰り際の言葉に再び愕然としたという。

「ケガでもしない限り警察は動けない。殴られたり何かされたりしたら来なさい。そうでなければ何もできないよ」

刑事はそう言い残したのである。

無事立ち直ったいま、岡山は振り返って話す。

「結局、警察は向こうの肩を持つのかなと……それが一番がっくりきました。『民事不介入』を繰り返すばかり、警察はあてにならないと思い知らされました」

一連の話を岡山から聞いたのは、二〇〇〇年六月のことだ。当時、いわゆる「目ん玉売れ」「腎臓売れ」といった脅迫的な取り立てが横行していた「日栄（現在・ロプロ）」など商工ローンの問題が終息した矢先である。出資法上限金利が年四〇・〇〇四％から二九・二％に引き下げられたばかりだった。私がヤミ金の取材を始めたのはちょうどこのころだ。ヤミ金の被害者を見つけるだけで一苦労したものである。

それから三年あまり、ヤミ金は爆発的に増え、いまや被害者探しに何の苦労もいらない。手口も比べ物にならないほど悪質になってしまった。そして「警察はあてにならない」という被害者の声も、繰り返し聞かされるようになった。

紹介屋

「悪賢い」「悪知恵」とは、ヤミ金業者のためにあるような言葉だろう。「金貸し」という皮をかぶった詐欺・恐喝集団が、あの手この手で無防備な人たちを陥れる。「紹介屋」も「といち」と並ぶ〝古典的〟なヤミ金の手口だ。金融業の看板を出しておきながら実際には金など貸さず、手数料と称して金をだましとる詐欺である。完全な詐欺でありながら、金貸しの皮をかぶることで実態をカムフラージュし、世間を欺いている。狙われるのはサラ金やクレジットの支払いに窮している多重債務者だ。

二〇歳代の順子は、紹介屋の被害に遭った一人である。一九九五年ごろのことだった。借金地獄の苦しみから精神的なダメージを受け、いまも回復の途上にある。

彼女には、サラ金二社と車のローン、合わせて三〇〇万円くらいの借金があった。だが、不運にも順子は勤め先を解雇されてしまう。支払いに行きづまり、困ってしまった彼女の目に止まったのがスポーツ新聞の広告だった。これもまた不運だったというほかない。広告には「まとめて当社から借りて債務を一本化。金利数％」とうたわれていた。

当時、順子がサラ金に払っていた金利は年三八～四〇％。車のローンは年利二〇％くらいだった。毎月の支払い額は七万円を超えていた。金利の安いところで借り直せば支払いが楽になる――彼女はそう信じた。

サラ金やクレジットで多重債務に陥った場合の正しい解決方法というものがある。一般的には、信頼できる弁護士の所へ駆け込む。または被害者の会に行くのが早い。裁判所に調停を申し立てたり、破産をするなど法的処理を使って苦境から脱出することは可能だ。間違っても金をあらたに借りて清算してはならない。より深みにはまるだけだ。

しかし、当時の彼女がそんなことを知るよしもない。悪知恵にたけた「金利数%」という広告を信じて電話をかけた。愛想のよい男の声がした。

「借りたいんですけど……」

順子が言うと、男はまず彼女にサラ金やクレジットの借り入れ状況を聞いた。

「サラ金が二軒、車のローンが……」と順子は説明した。それを聞いた男は「しばらくお待ちください」と待たせた後に、こう告げた。

「それでは融資は無理です。ウチでは貸せません。よそでも普通のところでは貸してくれませんよ」

融資を期待していた順子は落胆した。すると、そんな様子を予想していたかのように男はある話を持ちかけてきた。

「実は……」

神妙な口ぶりに彼女は耳を傾けた。金策に窮するあまり警戒心はまったく働いていなかった。

「ウチの社長がサラ金G社の支店長と知り合いやから、裏からこそっと手を回して借りれるようにしてあげましょう。ただしデータ上の問題があるから、サラ金のデータを十分間だけすりかえます。これはテクニックのいる作業です」

男はとうとうと説明を続けた。

「G社から借りて、半年間、利息を込めて遅れずに払ったら、そのデータを見て金利の安いウチに切り替えましょう」

結論から言うと、男の話は完全なでたらめ、子どもだましである。その手口に順子はまんまと乗った。「半年払ったら金利が安くなる」と信じてしまったのである。

「これからデータをいじりますから……」と電話口でキーボードをたたく音がした。

「二〇分だけです。いますぐに行ってください。借りられたらすぐに電話をください」

男は緊迫した調子で言った。

ばれたらいけないのだ、という後ろめたさを感じさせる口ぶりだったと順子は言う。彼女は男の指示どおり、もよりのサラ金G社へ向かった。「借りに行っても紹介されたとは絶対に言ってはいけない」という忠告もきちんと守り、G社の店頭で順子は名前と身分証を出して融資を申し込んだ。すんなりと五〇万円を借りることができた。驚いた順子が男に電話すると、男はこう言った。

「私が言った通り、五〇万円借りられたでしょう。ではすぐに手数料の二〇万円を振り込んでください」

すべてが真っ赤なうそとはつゆ知らず、順子は金を振り込んだ。言うまでもなく、G社と男はまったく関係はない。五〇万円の融資が得られた真相は、単に審査が甘い業者だったからにほかならない。

順子がこのからくりに気づいたときには、同様の詐欺業者三社の被害に遭った後だった。あるサラ金の支店で、「紹介屋に注意」という張り紙を見たのである。よく読んでみるとまさに自分のことが書いてあるではないか。「だまされた」と気づいたものの あとの祭りだった。金利が安くなるどころか「手数料」と称して計三〇万円をまんまと詐取され、あらたなサラ金の借金が残された。毎月の支払いは、「三万円減る」という触れ込みとは裏腹に、四万円増えて一一万円に達した。

もんもんと悩んだ末に偶然にも多重債務者の自助グループの存在を知り、順子はわらをもすがる思いで駆け込んだ。そこで教えられた救済の道は自己破産だった。幸運だったといえよう。

紹介屋は、明らかな詐欺事件である。だが順子は警察に被害届を出す気にはならなかったと言う。

「金を借りているという負い目。それに『データを書き替える』などという業者の言葉に、何か悪いことをしたんじゃないかという気持ちがあって……」

債務者はまったく悪いことをしていないのに「自分が悪い」と思わせる。そればかりか、カモにした債務者に恩を売る。ヤミ金は心理作戦という悪知恵にもたけている。

年金担保に

なけなしの年金を頼りに暮らしている年寄りから、この唯一の収入を取り上げたらいったいどうなるか。当然、暮らしていけない。場合によれば最低限の生活もままならず孤独死に致るかもしれない。精神的なダメージも老いた体にはこたえるだろう。そんなことは関係なく、金をむしりとる――。弱いものイジメの残酷さをむき出しにしたような違法金融の古典的手口に「年金担保」融資というものがある。昔からある手口だ。違法性もさんざん指摘されてきた。だが、いっこうになくなる気配はない。年金担保の高利貸は、弱肉強食の日本社会を象徴する犯罪だと言える。

六〇歳代とは思えないほど老け込んだ千恵の収入は、二ヵ月に一〇万～二〇万円の年金と新聞配達で稼ぐわずかな賃金である。彼女は、年金担保融資の手に引っかかり、約二年間にわたって年金のすべて、計二〇〇万円あまりを利息と返済名目で吸い取られてしまった。ことが明るみになったのは、一九九八年。業者に奪われていた年金振り込み用の預金通帳を取り戻してみると、残高はわずか二〇〇〇円あまりだった。

千恵の年金を吸い上げていたのはFという香川県の質店だ。彼女は一九九六年ごろ、金策に困り、以前から時々利用していたF質店から金を借りた。契約書には「一〇三万円」と書かされたものの、実際に手にしたのは、従来の債務を差し引きした六〇万円だった。

担保は千恵の年金である。「年金を担保に入れるなら貸してあげますよ」と質店の方から言われたという。質店の主人は年金が振り込まれる口座の通帳と印鑑を求めた。契約書の控えも「うちに置いておく」と本人の手には渡されなかった。

年金を担保とした貸し付けは、国民年金法で禁止されているほか、金融庁事務ガイドラインでも「印鑑、預貯金通帳、キャッシュカード、運転免許証、健康保険証、年金受給証など債務者の社会生活上必要な証明書等の徴収」を行わないよう指導している。

F質店は問題を繰り返し指摘されてきた。それでもなお「年金短期融資」の看板を出して堂々と営業を続けていた。事件発覚から約二年後の二〇〇〇年六月に録音された録音テープによると、質店と顧客の間でこんな会話が交わされている。

客——駅近くで看板を見たんですけど
質店——はいはい
客——年金でお金貸していただけるんでしょうか？
質店——はいはい。あの年金を受け取られているのはお宅？
客——ええ、主人の遺族年金なんですが
質店——あのね……今度は八月でしょう？　遺族年金というのは二ヵ月に一回じゃないの？
客——そうです
質店——それでね、いま六月ですね、六、七、八月と……八月の年金受けられるくらいの額でね。

あまりたくさん貸してないんですが。（年金もらっている）本人じゃないとだめですしね
客――本人なら大丈夫？
質店――ええ、そうです。それもちょっとあれ……「通い」（通帳の意）がありますわね。あれに印鑑ということでお預かりするんです。キャッシュカードとかね
客――ああ、そうですか
質店――で、ちょっと短期間にね。今度八月のをもらえるまでに、困られている方にお貸しするくらいですが

行政の対応にたかをくくっているのだろうか、もはや確信犯というほかない。会話の中で、金利について質店の主人は明言を避けたが、千恵の場合の実質金利は低くみても年一〇〇〇％を超える。いまでこそ、年利数千％というむちゃくちゃなヤミ金業者が主流になっているものの、二〇〇〇年ごろまでは、年利数百％というだけで驚いた時代である。刑事罰の対象になる出資法違反も明らかだった。

相談を受けた被害者の会では、同様の業者がいくつもあることから「早急に調査をして厳正な処分をしてほしい」と行政に訴えた。しかし、その後も目立った変化はみられなかったという。

香川県ではかつて、電話帳に年金担保をうたった広告が堂々と出されていた。地元の被害者の会では千恵の事件が明るみになる前の九六年、県知事にあてて次の要望書を出している。全国各

地で同様の働きかけが何年も前からねばり強くなされていたのだ。

要望書

近時、不況等により、県民生活は苦境に追い込まれ、とりわけ、社会的弱者といわれる年金生活者や母子家庭および障害者については、ますます厳しい状況が生じていることはご承知の通りです。

周知のごとく、年金および児童扶養手当については、受給権が保護されており、それらを担保に供することは法律等で禁止されています。

ところが、最近、年金受給者や児童扶養手当の支給世帯に対して、年金や手当を担保として貸し付ける金融業者などが香川県にも存在するようになりました。（中略）即刻中止させると同時に厳重なる行政処分・指導が求められています。

年金等の受給権に対する侵害をただちにやめさせるよう、要望します。

記

・「S年金」などの業者に対して行政処分・指導を行うこと
・地元紙に掲載している「S年金」の広告を即刻中止させること
ほか

一九九六年四月
香川県知事　平井城一（当時、故人）様
クレジット・サラ金被害者の会「あすなろの会」

この要望を受けて、行政指導などが行われたというから多少の効果はあったのかも知れない。だが二年後、再び千恵の事件が発覚したように、根絶したわけではない。「あすなろの会」は、二〇〇〇年にも再度同様の要望を行った。かねてから全国的にも問題視する声は出ていた。にもかかわらず、現在も状況はさほど変っていない。いや、それどころか事態はもっと深刻になってしまった。なぜ、火だねを消し切れなかったのかと、この問題を通じてあらためて思う。

「商工ローン」騒ぎの後、目立ちはじめたのが紹介屋だった。例えば、香川県では一九九八、九九年ごろから駅前やガードレールに「低利融資」「債務一本化」などと書かれたおびただしい数のプラスチック製の看板がひしめくようになった。ほぼすべてが「紹介屋」と考えられた。自治体がいくら撤去してもまた張られてしまうというイタチごっこも繰り広げられ、高松市の倉庫には六〇センチ×四〇センチくらいの定型サイズのプラスチック製看板が山積みになった。

二〇〇〇年当時、警察庁が取材に答えたところによると、全国で摘発した「紹介屋」事件は九五年＝四件、九六年＝七件、九七年＝二件、九八年＝三件、九九年＝一件。街にあふれる看板の数と比べると、あまりにも検挙数が少ないという印象はぬぐえない。だが検挙件数は少ないものの内容を見ると、ある意味で衝撃的であり問題の深刻さを暗示している。当時の警察回答資料にはこう記されている。

「これらの事件について把握している被害者数は、合計で一〇万人、被害総額は、約六六億五〇〇〇万円となっております。なお、平成一一（一九九九）年に検挙した一事件（秋田県警・警察庁検挙）は、被害者約六五〇〇人、被害総額約一〇億一〇〇〇万円で、本年（二〇〇〇年）検挙した一事件（宮城県警・福島県警検挙）は、被害者約一万人、被害総額約七億六〇〇〇万円であります」

警察が立件しただけで被害者一〇万人、被害総額六六億……社会問題とみられるべき大規模な犯罪だろう。だが、なぜかあまり注目されることはなかった。こうした陰の違法金融の横行が背景にあって、後のヤミ金大爆発があったことは容易に想像できる。

私がこの被害の大きさに驚いたころから数年後、紹介屋の看板は減っていった。そして数千％というヤミ金が激増していく。こそこそと詐欺を働くより、年利数千％というヤミ金で超暴利をむさぼった方が手っ取り早く稼げる。つまり万引きより強盗の方が儲かるということに彼らは気づいたのだろう。「強盗」が事実上解禁された結果、ヤミ金天国がやってきた。

「全国ヤミ金融対策会議」結成

二〇〇〇年一一月、多重債務問題に取り組む全国クレジット・サラ金問題対策協議会のメンバーである弁護士や被害者団体関係者が大分市に集まり、「全国ヤミ金融対策会議」を結成することが決まった。取り急ぎ被害実態の調査に着手した。東京都知事の貸金業登録をして表向きは健全を装いながら、実際は一〇〇〇％もの暴利を取る悪質業者「都①《トイチ》」の存在が次第に表面化しているころだった。

この集会ではヤミ金の被害が断片的に報告される一方で、警察の対応への不満が相次いだ。日弁連消費者問題対策委員会の「闇（やみ）金融に関するアンケート」は、ヤミ金「爆発」以前のものとして示唆に富んでいる。

アンケートはヤミ金問題を扱った全国の弁護士五九人を対象に、「警察の対応について」問うている。六段階評価のうち「ふつう」「良くやっている」「非常に良くやっている」と答えたケースはいずれも五九人中ゼロ。一方「非常に不十分である」との答えがもっとも多い二七人、「不十分」も一七人を占めた。つまり、五九人のうち七割以上の四四人が警察の対応に不満を示したことを意味している。

このときのアンケートでは、警察について次のような例が報告されている。

・具体的な証拠をつけてヤミ金業者を出資法違反で告発したが、警察はいっこうに捜査しない（札幌）

・ヤミ金業者が債務者の職場に来るため、仕事を何度も失った。自宅にも来た。警察官を呼んだが「借りたものは返しなさい」と言って帰った（埼玉）

・無登録のヤミ金を告発したところ、警察は「ほかに一般的な営業をしていたのか、被害は大きいのか明らかにしてほしい」と告発状を突き返された（大阪）

・任意整理を受任して、ヤミ金に支払いに行った弁護士が暴力を振るわれた。警察に告訴するが「相手方不明」として取り上げてもらえなかった

ここに報告したのは、一九九九年から二〇〇〇年半ばにかけての出来事である。「全国ヤミ金融対策会議」代表幹事の宇都宮健児弁護士はこのときの集会で、ヤミ金業者二四五社を警視庁に告発したが、まったく相手にしてもらえなかった顛末を報告し、「ヤミ金融がなくならないのは、警察が取り締まらないからだ」と訴えた。

警察庁がようやく重い腰を上げて合同捜査本部を設けたのは、この集会から二年あまりを経た今年の年頭だ。しかし、「取り締まり」によって被害が減ったように見えたのはほんの一時のこと

だった。携帯電話を悪用して居場所を隠した確信犯的恐喝屋「090金融」をはじめ、年一〇〇〇%はおろか一〇〇〇〇%以上もの略奪的な超暴利も珍しくない。さらに身に覚えのない人が、慶弔電報や電話の脅迫によって「借金」返済を求められるという無差別恐喝事件も爆発的に増えている。

「赤信号みんなでわたれば恐くない」という言葉がはやったことがあるが、これをもじれば「ヤミ金融みんなでぼったくれば恐くない」である。荒稼ぎをほしいままにし、暴力団の資金源にもなっているヤミ金にとって、警察は本当に恐くないのだろうか。

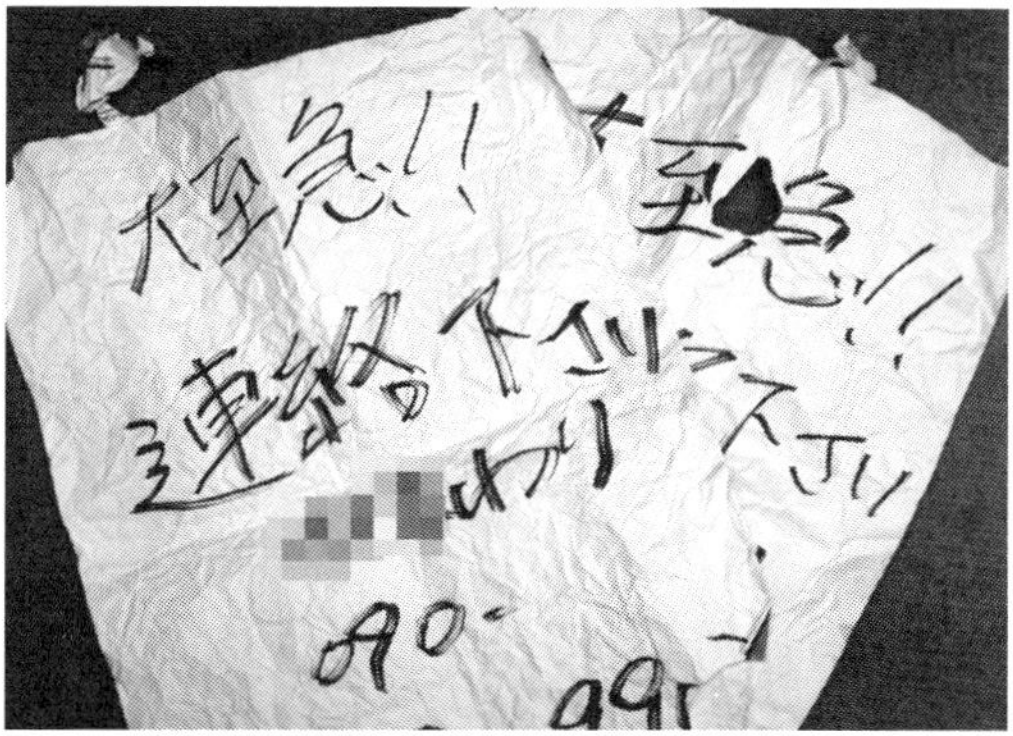

ヤミ金が債務者の車に貼り付けた紙

出資法違反の罰則は改正前で、三年以下の懲役または三〇〇万円以下の罰金である。これがヤミ金に適用される場合、大半は五〇万円程度の罰金刑で終わっているのが実態だ。捕まってももうかるのだから、モラルなき連中相手に「やるな」という方が無理かも知れない。「やればやるほどもうかる」構図を変えなければ、どう考えてもなくならないだろう。

この原稿を書いている六月現在、国会でヤミ金対策法の立法化が進められている。自民党案によると、①出資法の罰則を「五年以下の懲役、または五〇〇万円以下の罰金」に強化②登録審査の強化③宣伝活動も取り締まりの対象にする——という。とてもじゃないが、この程度で収まるとは思えない。民主党案にある「貸金業を許可制にする」という案にすら、与党は抵抗している。また、簡単に貸金業を営めないようにするため、一〇〇〇万円程度の営業保証金を積ませるという案も暗礁に乗り上げたまま。さらに「違法行為・犯罪行為であるヤミ金の契約は無効で、元本の返還請求も禁止する」むね明記せよという意見に自民党は強く抵抗した。なぜ、与党はそんなにヤミ金に甘いのか——不信感はぬぐえない（注）。

もっとも、暴力団との癒着が明るみになった松浪健四郎衆議員議員を辞職させない問題ひとつをとってみても、暴力団に遠慮する代議士の存在は十分うかがえる。

こうしている間も、犯罪集団・テロ金融・現代の追いはぎ——「ヤミ金」の横暴は、日ごとにエスカレートする一方だ。自殺・心中も後をたたない。大阪・八尾市では、今年六月、払っても払っても脅迫・恐喝をやめないヤミ金の〝暴力〟に絶望して、六〇歳代夫婦と八〇歳代の兄の三人が鉄道自殺をした。大阪府警八尾警察署や府警本部に何度も相談に行きながら起きてしまった悲劇だ。苦労して日本を支えてきた高齢者の尊い命を、警察は守ることが出来なかった。新聞には次のような八尾警察署の説明が伝えられている。

妻が相談に訪れた際、警察は「法廷外の利息で支払う必要はなく、業者に指導する」と話した。

お悔やみ電報の脅迫状

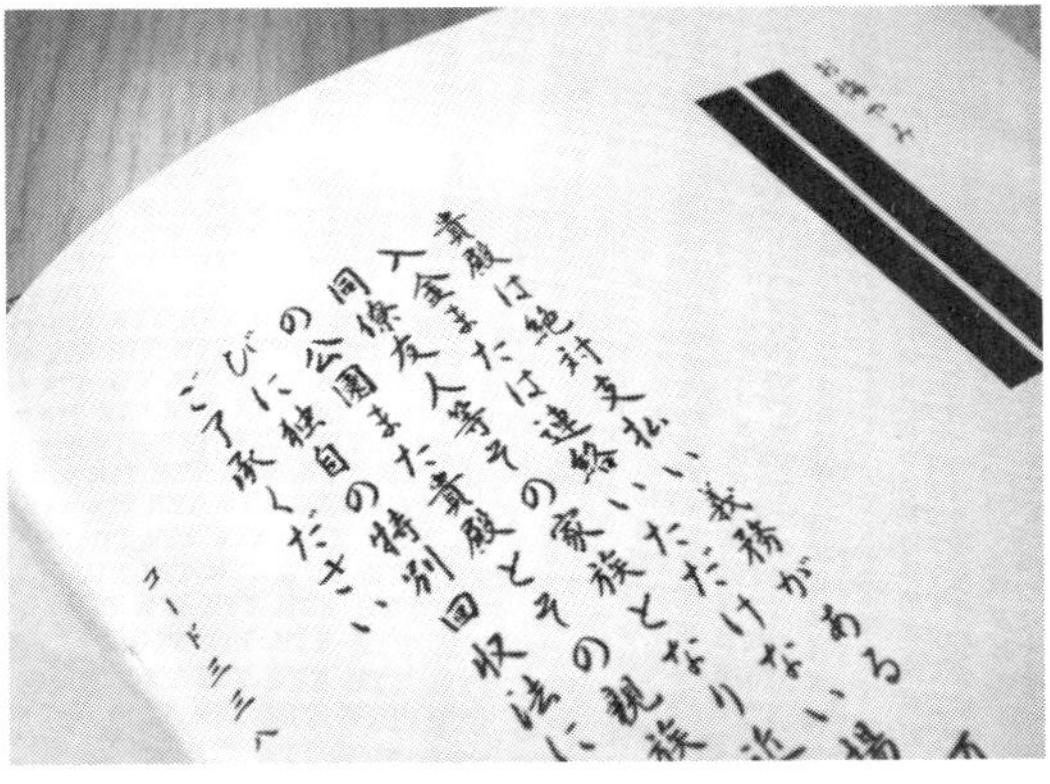

これを聞いた妻は「分かりました。自分で対応します」と言って帰った。事件はその直後に起きた。

警察の対応に問題があったか、なかったかを検証する余裕はここにはない。ただ高齢の三人は繰り返し警察に助けを求めた。そして、その挙句に死を選んだ。「警察も頼りにならない。もうどうしようもない」と絶望したのではないだろうか。

ヤミ金・サラ金戦争の死屍累々たる惨状は、かつて「経済大国」を誇った日本の実像だ。秩序・モラルの崩壊、治安の崩壊の始まりを見せつけられているようで戦慄を覚える。

(注)二〇〇三年七月二五日、出資法、貸金規制法の厳罰化を軸とするヤミ金対策法が成立した。

Ⅱ章　ヤミ金無法地帯

1 債権回収屋G——ある司法書士の闘い

二〇〇二年春。ヤミ金の暴利をさす象徴的な言葉「トイチ」(一〇日で利息が一割)は死語となった。代わりに、東京都知事登録「都①《トイチ》」の意味に転じた。「都①」はヤミ金の代名詞に成り果てた。

ヤミ金の金利はと言えば、トサン(一〇日で利息三割)、トゴ(一〇日で五割)が「良心的」な部類。一〇日で一〇割やそれ以上の高金利をとる業者も珍しくない。いうまでもなく法律で定められている金利の上限は年利一五%~二〇%(利息制限法)、刑事罰のある出資法でも二九・二%。これに対し、トイチは年利約三六〇%、「一〇日で一〇割」は三六〇〇%にのぼる。こんな「超高金利」でも誰も驚かなくなった。一〇〇〇〇%、二〇〇〇〇%という金利も登場し、七〇〇〇〇%というのも報告されている。「取り立て」の名を借りた脅迫や恐喝が横行、追いつめられて家庭崩壊や自殺にいたる惨事も後を絶たない。

そうした状況のもとで、被害者救済に取り組む司法書士が脅迫を受ける事件がおきた。野放し同然の好環境で「濡れ手に粟」をほしいままにする犯罪集団・犯罪産業「ヤミ金」。「法治国家」

日本で何が起きているのか——。

なぞの男

東海地方の中年女性の香織が名古屋市の水谷英二・司法書士事務所に駆け込んだのは二〇〇二年四月のことである。香織は違法金融＝ヤミ金およそ三〇社からの取り立て電話に追いつめられ、おびえきっていた。取り立てに便乗したいやがらせで仕事も失い、支払えるめどはない。水谷司法書士は「自己破産を申し立てるしかない」と判断し、すべての業者に連絡を試みた。すでに不当な利息を払い込んでいる業者に対しては利息分の返還を求める「不当利得返還請求」をファックス送信した。元本を返さなかった業者に対しても「違法な貸金業だから債務はない」との通知を行った。

不当利得返還請求書

本件融資は、出資法金利をはるかに超える暴利行為であり、民法九〇条（公序良俗違反）により無効です。それゆえ、貴殿から依頼者に融資金名目で送金された金員は民法七〇八条の不法原因給付でありますから、貴殿に対しては返還の必要のないものであります。

したがって、依頼者が貴殿に送金した合計金●●万円は貴殿の不当利得になりますのでご送金ください。

通知の効果はてきめんに現れた。違法な高金利を取っているから契約は無効だ、とする「公序良俗違反」の主張に反論の余地はないのだ。業社は取り立てをやめ、うち数社が返金に応じた。例えば、三万円の元本に対して一週間で五割＝一万五〇〇〇円の利息を要求し、香織から一六万円以上の利息を取ったA金融は、約一五万円を送金してきた。事態は終息するかに見えた。

だが、違法性を指摘されたのちも構うことなく執拗に取り立てを続ける男がいた。「見張りをつけている」「おれたちはヤクザだ。警察なんて恐くない」と、男は電話を通じて脅迫してくる。職場や近所にも電話はかかってきた。

男の名は回収屋〝G〟。正体は分からない。手がかりは携帯電話の番号だけだった。

「脅迫まがいの取り立てをやめさせるのが急務だ」と感じた水谷氏は、ただちにGの電話番号を押した。関西なまりの高い声が聞こえた。まず香織が電話に出てから水谷氏に代わった。Gは、相手が司法書士だと知ったとたん猛烈に怒鳴り始めた。

水谷　香織さんから破産手続きの依頼を受けているんですが……

G　そんなもん知るか、香織にはよ代われ！

水谷　お宅の住所は？

G　うるさい、はよ代われ！　ぼんくら代われ！　香織の近所に(電話)かけまくってやるわ！

水谷　どちらの債権者さん？
G　うるさい代われ

ひとしきり怒鳴るとGはやや穏やかになった。水谷氏は素性を聞き出そうと試みた。

水谷　会社の名前は？
G　会社ですか？　会社はヤクルトミルミル
水谷　お名前は？
G　名前ですか？　名前は権田《ごんだ》二毛作《にもうさく》

男は漫画の登場人物を名乗った。

水谷　債権譲渡受けたんですか？
G　そうですよ
水谷　どこから？
G　お金払ったら教えますよ。お金払ってください
水谷　払いません

G　じゃ教えません。あのね、これから私すぐに電話切ってね、香織の近所ガチャガチャにいかせてもらうから

名前も所在も債権の内容すらまったく明かさない。それでいて金を要求する。そんなむちゃな話があるものか。水谷氏は驚きながら会話を続けた。

水谷　お宅、香織さんにいくら返してもらうつもりなんですか？

G　五万円

水谷　それお宅さんが貸したんですか？

G　貸してませんよ。私の手元には借用書があるんですよ

水谷　借用書はどなたの名前になっていますか？

G　教えませんよ。おーしーえーませんよー

自己破産の手続きを行っていることを伝えても無駄だった。

G　司法書士さん。破産してもらうのは結構ですが、ウチは回収やめないから

水谷　困るんですわ

G　困っとんのはこっちとちがうんか？　払えんのなら払えるようにするから、おお？
水谷　どうするの？
G　どうするって……引っ込んどけ！（切）

男は、自分のやっていることが違法だと分かっている口ぶりである。破産免責も利息の話も、まともな話は通用しない。居場所も不明だ。犯罪と承知の上での〝債権回収〟。

「こんな悪質な取り立てはこれまでにない……」

水谷氏は不気味さを覚えた。

多重債務者・香織

三〇社近くのヤミ業者から借金をして取り立てを受け、一時は自殺まで考えた香織。彼女は看護師という仕事を持ち、夫も働いている。安定した収入がありながらなぜそんな事態になったのか――。

香織と借金との出合いは数年前、クレジットカードがきっかけである。洋服や日用品などをカードで買うようになり、そのうちに消費者金融＝サラ金も利用するようになった。「毎月きちんと返済していたし。困っていたわけではない」と振り返る。

やがて、無担保個人融資をうたうダイレクトメールが届くようになった。

「年利一五％前後」「あなたのトータルアドバイザー」「キャンペーン中」「簡単な審査です」

ダイレクトメールには甘い言葉がちりばめられていた。「都①22…」と東京都知事登録番号が記されているものが多い。当初は見向きもしなかった香織だが、あるとき、業者のひとつに電話をする気になった。「クレジットの支払いに数万円が足りないから借りてみよう」という軽い気持ちだった。

「ヤミ金だなんて、そんな言葉すら知りませんでした。消費者ローンとか短期ローンとか、そんなイメージで……」

融資はファックスで申し込む仕組みになっていた。ダイレクトメールの申し込み欄に住所・氏名・職業・口座名などを記入して送信すると、業者は「三万円を融資します」と電話連絡してきた。実際振り込まれたのは〝利息天引き〟の二万七〇〇〇円。それを一〇日後に五万五〇〇〇円にして返す約束である。「払えなければ利息だけ一万五〇〇〇円を振り込んだらいい」と言われた。

「いまから考えるとめちゃくちゃな金利ですよね。でも当時は『そんなものか』と思って…自分のバカさかげんが腹立たしい」

早くうさん臭さに気づいていればその後の苦しみもなかったと、香織の心は後悔の念でいっぱいである。

利息振込み期限の前日になると、必ず入金確認の電話を入れさせられた。電話がなければ猛烈になじられた。一度「払えそうにない」と言ったときには、「走り回ってかき集めてこい！」と怒鳴りつけられた。預金口座に残っている数千円の金を集めて、かろうじて利息分を払い込んだという。恐怖で香織の心は凍りつき、金銭感覚を失っていった。

「今日中に利息を振り込まなければ……」と、おびえ焦る気持ちで新たなヤミ金融業者に電話する日々。借り入れ業者は増え続け、自分でも混乱するようになった。その間にも自宅の郵便受けには融資を呼びかけるダイレクトメールがどんどん届く。

とうとう業者の数は二〇社近くに膨らんだ。「このままではだめだ」と香織は精算を試みた。数百万円を調達して支払いにあてた。しかし払いきれずに四社が残った。元本は二万円から五万円程度。だが利息は一〇日で五割から一〇割という超高金利である。四社あれば利息だけで月に三〇万円を超す。とてもまともに返せる金額ではない。

再び借り入れを繰り返すようになり、四社はたちまち三〇社近くになった。そして、絶望のあまり家を出たのである。死ぬ気だった。

ヤミ金やサラ金の多重債務者に対して「借りたものは返さないといけない」という声を聞く。しかし香織が実際に借りた金額と支払った額を計算してみれば、この主張は説得力を欠く。約三〇社からの借り入れ額の合計はざっと七〇万〜八〇万円。それに対して払い込んだ金額は三〇〇万円を軽く超えた。

香織が家を出たその日から、ヤミ金業者の「追い込み」（支払いが出来なくなった時点から始まる熾烈な取り立て）が牙をむいた。本人がだめなら周辺が標的だ。家族をはじめ職場・友人・隣人に電話をかける。「カナラズニュウキンシロ」と、自宅に毎日電報を送る業者もいた。回収屋Gも追い込みをかけてきた。

職場の病院では、取り立てやいやがらせの電話が鳴り続け、診察の受付ができなくなった。同僚だった看護師の携帯電話にも脅しの電話がかかり、夜勤に男性職員をつける緊急策がとられた。病院は休暇中の香織を解雇した。香織の親戚方では、何者かによって救急車や消防車が呼びつけられる悪質ないたずら事件もおきた。

家出から数日後、香織は最悪の選択を思いとどまって帰宅した。それを待っていたかのようにGが脅してきた。

「五万円払わんかい」

仕事を失った香織に対して、回収屋Gは電話をかけまくり金を強要した。

「お金がない。破産するほか……」

必死に訴えたが、聞き入れられない。「いま家を出ただろう。見張っているぞ。」と脅すG。恐くて家にも帰れない。同時に、Gの仲間とみられる男Kの脅しも始まった。

「おれたちはヤクザだ。金を回収して生活している虫けらだ。警察なんて恐くない」

ドスの利いた声で男は威圧してきた。とうとう、すがる思いで香織は愛知県警S警察署を訪れた。脅されているからなんとかしてほしい、と訴える彼女にある係長は面倒そうに言った。

「警察も人手がない。二四時間パトロールせよとでもいうのですか」


回収屋は次第に脅しの調子を上げてきた。

「払うんか、払わんのか！　払わんのなら周りから取るだけや。どんなことやっても取ってやる。金振り込むまでは見張りつけるぞ！」

水谷司法書士からは「払う必要のない金だから、絶対に払ってはいけない」と言われていた。だが、恐ろしさには勝てず、香織は五万円を振り込んだ。

まんまと五万円を脅し取ると、Gたちは香織の隣人を狙った。被害に遭ったのは三〇歳代の会社員山田だ。同じアパートの別の部屋に住んでいる。

山田の自宅に初めて電話があった夜、山田は外出していた。電話口に出た年老いた母が出ると電話の男は「息子ぶっ殺してもいいんか」と大声をあげた。その迫力に七〇歳あまりになる母は、震え上がった。

山田が帰宅すると再び電話が鳴った。Gからだ。

「香織の借金払え！」

Gは一〇万円を振り込むよう迫った。訳がわからずとまどっている山田にGはこう言い放った。

「親子ともどもドラム缶に詰めて海にしずめたろか！」

もう何がなんだか分からない。「新聞に出ているような（殺人）事件になるのだろうか……」と山田は不安にかられた。電話がまた鳴った。今度はGの仲間うちとみられる男Kからだ。動揺している山田に、Kは低い声で穏やかに言った。

「五万円払ってくれれば（Gについては）私がなんとかしましょう。身の安全が保障できると思えば安いもんじゃないですか」

山田は翌日、指定された振り込み先に五万円を入金した。「身の安全を保障してやる」というKの言葉を信じたからである。それでも脅しは終わらなかった。

一週間ほど過ぎたある夜、再び電話が鳴った。Gからだ。

「払うんか、払わんのか、はっきりせえ」

Gは執拗に金を求めた。要求額は一〇万円だ。「話が違うじゃないか」。山田がKに電話をかけると、Kは平然と説明した。

「Gの分も払ってやってくれ。半分は私が払うから五万円でいい……」

脅し役となだめ役。GとKは絶妙のやりとりで気の弱い山田の気持ちを揺さぶった。ころあいを見計らうようにGが〝追い込み〟をかけてきた。

「あんた裏切ったな。警察に言うただろ。Kが怒って日本刀持ってそっち行ったよ。どうすんの！　払うんか、払わんのか？」

有無を言わせない詰問に、山田は再び金を払う約束をさせられた。脅しは続き、山田の被害は総額二五万円にものぼった。

矛先は司法書士に

執拗な回収屋の取り立てをやめさせるにはどうしたらいいのか。香織の破産処理に取り組んでいた水谷氏は頭を抱えた。

「だいたい、連中はどこの債権を回収しているんだろう」

水谷氏は、ヤミ金融業者に片端から電話をかけることにした。三〇社近くに電話をかけ終わり、「ホワイト」という業者の番になった。

ホワイト社のチラシには東京都知事の登録番号が印刷されている。しかし、都に照会すると虚偽の番号であることが分かった。無登録業者である。この業者は、香織に一万八〇〇〇円を貸し付け、一〇日で一〇割以上の利息を求めている。借り入れた直後に破綻したため返済はしていない。電話に出た男は高圧的な態度で応じた。

水谷　そちらが取り立てを行っているとすれば、警察に捜査してもらうしかないんですよ

ホワイト　あのね、金借りて踏み倒しておいて平穏な生活ってそんなことできないでしょう

水谷　それが日本の法律なんです
ホワイト　法律、法律って法律がすべて正しい訳ではないでしょう
水谷　ところでお宅さん住所はどこなの
ホワイト　だからね、言う必要ないじゃないですか。払わんのでしょう
水谷　お宅の住所言っていただければ払うことも考えましょう
ホワイト　あんた、わしらバカにしとるんですか

ホワイトは頑として住所を言わない。違法な貸金業者ということを自認しているからだろう。と、電話が切れるのとほぼ同時に水谷氏の携帯電話が鳴った。水谷氏は顔を曇らせ、言った。

「私の自宅に（Gから）電話がかかっているんですよ」

水谷氏の自宅や周辺を一〇数軒に脅迫電話がかかり、近所がパニックになっているという。電話は回収屋Gからである。Gが取り立てていた債権はホワイトのものだったのだ。水谷氏は動揺している家族に「警察に連絡して冷静に対応するよう」と電話で伝えた後、Gに連絡を取った。かん高い怒鳴り声がした

G　これカードの携帯電話。名義がないやつ。パクれるもんならパクってくれよ
水谷（脅迫電話を）ずっと続けるかね

Ｇ　当たり前、毎日するよ、お宅の心が折れるか私が根負けするかどっちか

水谷　私を司法書士と知って挑戦してきているのか？

Ｇ　そうですよ。あんたを脅しているんですよ。いろんな司法書士・弁護士と話してきたけど、こんなにむかつくのはあんただけ。金いらんから個人的にやらせてもらう

水谷　あんた出資法知っているか？　貸金業登録しているか？

Ｇ　わしゃ金貸しじゃないんや！

水谷　金貸しじゃなかったら恐喝か？

Ｇ　おう恐喝や。周り電話するから。近所電話させていただきます。いまからさせていただきます。ほなさいなら！

水谷氏は仕事場から自宅へ急行した。到着したのは午後九時すぎ。心配そうな顔つきの住人五、六人が路上に集まっている。Ｇからいやがらせの電話を受けた被害者たちだった。

「『あんたのところが保証人になっとる』とか五万円とか言っていた。『なめとんのか』なんて」

初老の男性があきれた様子で話す。別の家の留守番電話にはＧの声が録音されていた。

「おい詐欺師の相棒。きたないまねしやがって。水谷にいうとけ。詐欺師なら詐欺師らしく金払えって！」

再生すると、Ｇののしり声が聞こえてきた。いったい詐欺師はどっちなのか――家の主人が

苦笑する。通話記録にはGの携帯電話の番号が記録されていた。

「電話がかかってきたら『関係ない』といってガチャンと切るしかないでしょう」

困惑した住民同士で対策を練っていたときのことだ。バイクの音が近づき水谷氏の自宅の前でとまった。ピザの出前だ。しかし誰も注文した覚えがない。何者かが勝手に注文して送りつけたようだ。届けられたのは八人前のピザ約一万円相当。出前に現れたピザ店の店員によると、注文の電話は若い男だったという。

「とりあえずすげえ若い男で、年は二〇歳もいっていないんじゃないかな。番号案内で調べたからメニューがないとか言って、一番大きいサイズのピザ八人分。結構周りでがやがや声がしていた……」

水谷氏は以前にも、注文していない寿司を届けられる被害に遭っている。この手のいやがらせは全国各地で報告されており、ヤミ金の常套手段なのだ。

この夜の混乱はまだ終わらなかった。ピザ騒動からほどなくして、水谷氏の自宅で悲鳴がした。

「早く！」

家族が二階でさけぶ。Gから脅迫電話がかかっているのだ。水谷氏は階段を駆け上がり受話器をとった。表情がこわばった。

「おう、そうやって脅すんかい。おうなんだそれは……」

電話が切れ、水谷氏が興奮気味に言った。

「お前の娘、絶対さらってやる、ぶち殺してやるからって……」

尋常じゃない。キレている——Gの激高した様子に水谷氏は危険を感じた。家族も不安がっている。Gの脅迫は誘拐・殺人予告に発展した。水谷氏は迷わず一一〇番通報した。警察の出番だ。そう確信してのことだった。

水谷氏の一一〇番通報で警官は来た。だが、被害者の切実さとは裏腹に、警察の対応は拍子抜けするほど鈍かった。被害者を守るとか、事件を未然に防ぐ配慮はほとんどない。まるで騒音の苦情を聞いているような様子なのである。

一一〇番通報を受けて駆けつけたのはバイクに乗った派出所の警官ひとり。水谷氏はこれまで何度か警察に相談していたが、この夜訪れた警官は事情を知らなかった。一般的なヤミ金融の問題に始まり、司法書士として被害者救済に取り組んでいること。回収屋Gとのいきさつ……。一連の流れを水谷氏は説明した。警官も相槌を打ちながら聞き、つぶやいた。

「うーん。難しい問題ですね……」

警官を交えて話をすること小一時間、結論は「所轄の警察署に行って説明した方がいい」である。水谷氏は深夜の高速道路をM警察署へ向かった。残された家族は玄関の鍵をかけた。不安気な顔をする家族に向かって警官氏は言った。

「気をつけてください」「何かあったら連絡を」

警官氏にしてみれば親身に心配しての言葉なのだろうが、場違いな響きがした。脅迫電話、誘拐・殺人の予告をされて「何かありそう」だから一一〇番したのである。

ともかく水谷氏は深夜のM警察署に到着した。署にはすでに連絡は入っているということだった。玄関を入ると受付の女性職員が「ご相談ですね」と取り次いだ。

「緊急事態だから一一〇番通報して、被害を届けにきたのです。相談とはどういうことですか」

同行の男性が言うと女性職員は迷惑そうな顔をして黙り込んだ。

水谷氏は刑事課の部屋に通された。脅迫の被害をM警察署に訴えるのは初めてではない。しかし、この夜の当直署員に事情を知るものはいなかった。

捜査員を前に水谷氏は「まず、この場でGに電話をかけるから聞いてほしい。そうすれば私がどういう目に遭っているか分かる」と切り出した。電話をかけて、やりとりを聞いてもらうのが先決。詳しい話はそれから……。

この訴えに対して捜査員たちは、時に薄笑いを浮かべながら「まず状況を聞いてから」と繰り返すのみ。不毛な議論は続いた。そして二時間あまりにわたり、いままで何度も話したいきさつを繰り返し話しただけで「相談」は終わった。自宅周辺の警備など事件を未然にふせぐ手立てをする風でもない。脅迫電話以外何もなかったのが幸いである。

結局、警察は「何か起きてから」動くものなのか。「未然に犯罪被害を防ぐ」ことを求めるのはしょせん無駄なのかもしれない。いや、何か起きた場合ですら動こうとしない――そんな印象を受けたのは水谷氏だけではない。前述の香織や山田に対しても警察は冷たかった。

「あんたどうするの」

違法な高金利をむさぼるヤミ金融から、脅迫的な取り立てを受けていた香織が、もよりのS警察署を訪れたときのことだ。当時、彼女は連日の入金催促に加え、回収屋Gらの「金を払い込むまで見張っているぞ」という脅しにおびえきり、暗くなるまで家にも入れない状態だった。

担当の係長は、香織の訴えをこう切り捨てた。

「民事不介入で警察は立ち入れない。個人とのやりとりで警察は介入できないのだ」

香織に返済を迫っていた業者の金利は、刑事罰の対象となる出資法上限金利（年利二九・二％）をはるかに超える年利二〇〇〇％〜四〇〇〇％という圧倒的な高金利だ。大半が「都①…」の登録番号を持つ東京都知事の貸金業登録業者であるほか、電話番号以外は知らせない無登録業者もある。

貸金業規制法には、無登録営業＝三年以下の懲役または三〇〇万円以下の罰金▽私生活や業務の平穏を害するような威圧的な取り立て＝一年以下の懲役または三〇〇万円以下の罰金▽契約内容を記した書面交付違反＝一〇〇万円以下の罰金・業務停止（行政処分）――などとある（改正前）。明らかな出資法と貸金業規制法違反だ。

それでも警察は「民事不介入」だと言うのである。出資法違反、貸金業規制法違反にはあたらないのですか――香織に付き添った男性が現金の振り込み票などをもとに説明しても係長は「犯罪構成要件を満たさないから……」と言葉を濁す。脅迫についても「警察も人手が足りないんだ。二四時間警備するわけにもいかん。いったいどうすればいいのか」と逆に問われる始末である。「ガラス割られたら電話ください。被害があったら動きますから」と言う警察官もいた。

後にS警察署に確認したところ、相談から一ヵ月がたっても香織のヤミ金被害についての被害届は受理されていなかった。「被害かどうかは、調べてみないと分からない」。それが担当課長の説明である。

一方、香織の隣人で恐喝の被害を受けた山田も、警察に冷たくあしらわれた。「ドラム缶に詰めて海に沈めるぞ」と脅されて五万円を指定された口座に振り込んだ翌日、山田はS警察署を訪れた。対応した刑事課のM係長から投げられた言葉は「なんで金を払ったの？　払う前に来たらよかった」だった。

実は山田は五万円を払う前に、S警察署に電話で相談していたのである。

「電話で警察に相談したとき冷たくされた。自分の身は自分で守るしかないと思って五万円を払った」と山田は証言する。彼の恐喝事件は、愛知県警本部に事情を説明するなど水谷司法書士らの再三にわたる働きかけで、のちに被害届が受理された。しかし恐喝事件の参考人として協力した香織に対しては、S警察署のある捜査員が「あんた県警本部に『S署は動かん』というようなこと言ったのか」と嫌味を言ったという。さらにこの捜査員は、破産に向けた手続きが進んでいることに触れて続けた。

「破産宣告すればすむ問題じゃない。ヤミ金はそんなもの関係ない。これからも請求がどんどんくるし、周りの人にも迷惑がかかる。あんたどうするの？」

違法行為が続くだろうからといって、平然と「どうするの？」と言う警察官。香織は涙を浮かべ絶句した。

にぶい警察の対応にやきもきしている間に、回収屋Gによる水谷氏への脅迫は過激さを増してきた。

一一〇番した夜からおよそ一週間たったある日の午後の出来事だった。水谷氏の事務所にGから電話が入った。いままでないくらいに激しい様子である。

「バカかお前、Gだけどね、残念だったね。わしをパクれんかったね。通帳とまったよ、お宅のおかげで」

実は、この電話の直前にGが恐喝で使用した金融機関の口座が閉鎖されていたのである。口座の持主は、自分の口座が恐喝に使われていることを知らなかった。知らない男性から五万円が振り込まれているなど、不審点が分かったため警察に届けて口座を閉じたのだ。Gが他人名義のこの口座から金を引き出す、なんらかの術を持っているのは間違いなかった。

問題の口座に五万円を振り込んだ人物は九州地方に住む無職の男性と分かった。男性は前述のヤミ金融ホワイトから二万円を借り、二週間後に二万円を返し終えた。しかし、その後ホワイト社は「三万円を払え」と理不尽な電話を親戚や隣近所にかけるようになり、あげくのはてに「回収部門に回した」のだ。そして登場したのが回収屋Gである。Gは五万円を要求した。男性が拒み続けるとGは年老いた母を脅した。年金暮らしの母は、友人に金を借りて振り込んだのである。

この五万円はGの手に渡るはずだった。だが、口座が閉鎖されたことで滞ってしまった。Gは水谷氏が口座を閉鎖させたと思って激しく怒っている。見境なく脅しは続いた。

G　パクれるものならパクってみいや。お前の娘さろうてバラバラにしてぶち殺してやるから

水谷　ほう、そうやって脅すんか

G　お前の娘の頭、お前に送りつけてやるから。楽しみに待っとれよ

水谷　そうやって脅すんか

G　あのね、中国マフィアを雇ったからね、娘さらってこい。その後ぶち殺せと言ってあるからね。ちゃんと一〇〇万円払っているから。（中略）要件はそれだけじゃ

水谷　誰から頼まれた？　Ｂ金融か？　Ｃファイナンスか？
Ｇ　あほか、お前バカか。娘死んでからじゃ遅いんどお前
水谷　何がしたい？
Ｇ　金一円もいらん。とりあえずお前の娘だけぶち殺す。それだけじゃ……

エスカレートする脅迫に水谷氏は仕事も手につかなくなった。毅然として捜査してほしい、と水谷氏は告訴の準備をはじめた。被害届は一応受理されているが、ただの恐喝事件としてとらえられては不十分だ。事件の背景にはヤミ金融の問題があり、被害根絶運動に対する挑戦なのだ――ということを警察に訴える必要がある。水谷氏は、事件とかかわりが考えられる電話番号やヤミ金融業者の名前、これまでのいきさつなどをまとめる作業にとりかかった。

脅迫電話のやりとりは録音することができた。それを知ったＭ警察署の担当係長が水谷氏のもとを訪れ、被害調書をつくった。警察の対応にも少し積極性がみられるようになった――そう感じた矢先のことだった。雑談中に、係長が耳を疑うようなことを言い出した。

「水谷先生は金融の問題をいろいろやられているそうですが、あまり過激なことをされるのはどうかと。犯人を刺激してしまうので……」

水谷氏がやろうとしているのは、多数のヤミ金から不当な取り立てを受けている人の救済である。法律にのっとった処理・主張をしているだけだ。それがどうして過激になるのだろう。黙っ

てヤミ金業者の言うとおりにしておけ、とでも言いたげである。

「警察はいったいどっちの味方なのだろう。本当は捜査をやりたくないんじゃないか」

そんな不信感すら覚えさせる言い草だ。

「債務者はバカだ」

回収屋Gに会えないものだろうか——。私は、Gが恐喝で使用した携帯電話の番号を押して取材を申し込んだ。

「お宅だれ?」「なんでワシの名前知っているのか」「誰から聞いた?」

録音テープで聞き覚えのある高い声が返ってきた。

「取材いうて(応じて)パクられたやつ、いくらでもいるからね」

警察だと疑っている様子だ。何度かの電話交渉を繰り返したが、Gは決して会おうとはしない。警戒している。

「こうやって電話でお話しすることはできますがね。もしバレたら私一人の責任じゃなくなってくるから……債権回収する業者ウチだけじゃないから」

Gは話しはじめた。

——違法というか、ヤミの金融ですよね

G　もちろんそうですよ

――貸金は？

G　金貸しですか？　しませんよ、そんなこと。（貸金と回収は）分業です

――Gさんは特定の貸金業者専属？

G　そうですよ

――ホワイト社？

G　……どっから調べたんですか？（中略）　取材かなんか知りませんが、業者の名前絶対出したらいけませんよ。業者名出したことがわかると、私たち（脅迫電話をかけるなどして）ぐちゃぐちゃにしないかん

Gは債権を買った業者の名前を知られることを恐れた。詳しい事情はわからないが、ほかの回収業者との関係を気にしている様子だ。とにかく、Gは、回収業者や関係している業者が違法行為をしていることを十分承知していた。

――この業者さん（ホワイト社）は無登録業者ですよね

G　そうですよ

――チラシに書いてある東京都知事の登録番号は

G　関係ない。あんなんね、どうにでもなるでしょう

違法を承知のヤミの稼業である。うまみはあるのだろうか。

——その商売ってもうかるんですか？

G　もうからなかったらこんなバカなことしないでしょう。私たちこんな人脅したり、口で言うだけですから。言わないとみんな、はっきり言って言うこと聞きませんからね

誘拐や殺人を予告し、香織を自殺寸前まで追いつめ、職場から追い出し、隣人を始め多数の無関係の人をおびえさせた脅迫電話。それは、「言うことを聞かすため」。つまり金を脅し取るための手段なのだとGは言う。

G　例えば、借主の両親なんて『私は関係ない』って言うでしょう。そんなんだったら脅して言うこと聞かせんと

——破産した場合などは？

G　弁護士が出てくるでしょう。『破産します』『払えません』と。で『ああそうですか』いうたら回収できませんからね。回収するやつ八割が破産者なんですから

しかし、支払い能力がなく債務を免責された破産者から合法的にお金を取ることは不可能ではないか。いったいどういうことなのだろう？　Gは続けた。

G　本人が払えなかったら、本人の周りから取るしかないです。隣近所から借りにいかせるかも分からないし

それが、職場や隣人にかかってきた脅迫や恐喝電話の正体だったのだ。さらにGはこともなげにこう言うのだ。

G　ガアガア（電話で）言っているけれど、言い返されたらカッとなって大声出すけど、はっきり言って遊び半分で言うてるんですよ。電話だから分からないでしょう

「債権」の話題になった。回収屋のいう債権とはどういうものなのか？

G　（債権）を払うっていうか買うっていうか、業者との付き合い方による

Gは次第に饒舌になってきた。

G　三万円の債権でも、もうめちゃくちゃな利息だから、いうたら一〇〇万円くらい取っているやつもいるんですよ。三万円の金が作りきらんのですよ。一週間に一万円ずつ払って一〇〇万円くらい払うやついるんです。それでも三万円払わない限り終わらないですから。それで結局払えなくなって逃げるやつの借用書を一〇万円で買って回収する……

ヤミ金融が社会問題になっていることにGは興味を示した。

G　債務者バカだから問題になっているんですよ、これ。借りるやつが。借りまくってね、破産宣告して業者泣かせてまた借りて、誰かが肩代わりしてまた借りるバカでしょ。治らないから結局こうした業者がなくならないんですよ

多重債務者の名簿をもとにダイレクトメールで融資を勧誘し、元本の何倍・何十倍もの利息を吸い上げる。払えなくなると「借りたものは返せ」「詐欺師」とののしり脅す。そうした悪徳業者の被害者というべき人たちを、Gは「バカ」と呼んではばからない。

一〇日で五割とか一〇割の利息、年利三〇〇〇～四〇〇〇%という暴利を取る貸金業。詐欺・恐喝を行う回収屋。その犯罪性をG自身十分認識していることだろう。だとすれば、なぜ彼らが

こうした生業《なりわい》を続けられるのか疑問がわく。警察は恐くないのか。

G（警察につかまる心配は）まったくないことはないけれど、結局やっていることも、人を傷つけたわけでもないし、傷害罪とかでもない。ただ、貸している金を返してもらうだけで、ちょっとむちゃ言っているだけでしょう。警察もそこまで本気で入ってこないんですよ。こっちは電話でワアワア言うだけでしょ。もちろん警察が入ってくることもあるけれど、結局足がつかない。どんなことやられても、警察が本気できても、足がつかないから絶対……

ヤミ金のダイレクトメール

捕まえられるものなら、捕まえてみろ——とでも言いたげな口ぶりでGは話し、電話は切れた。ヤミの債権回収業は警察につかまらないからこそできる稼業なのだ。

告訴不受理

「回収業者による水谷司法書士らへの脅迫は違法金融撲滅運動に対する挑戦だ。単なる恐喝・脅迫とは訳が違う」

ヤミ金融と回収屋Gをめぐる問題は、たちまちサラ金やヤミ金の問題に取り組む全国の司法書士や弁護士、被害者の会の知るところとなった。

「金の貸し借りは民事の問題。警察は民事不介入だから」と、消極的な警察の対応が多く報告されてきた中で、今回ほど警察に訴えやすい事件はない。ヤミ金が絡んだ純粋な恐喝・脅迫事件ゆえに、ヤミ金の素顔をさらすのに格好の機会だ。

Gによる恐喝事件は、すでにM警察署が被害届を受理している。その上で水谷氏や支援者たちは「事件をヤミ金摘発に向け、警察に動いてもらう好機にしよう」と、告訴する方針を固めた。告訴状には脅迫電話の録音テープをはじめ、分かる限りの情報・資料も添えよう。警察の捜査に役立つことはあっても邪魔にはなるまい――そう判断してのことである。

告訴状

・告訴人(水谷氏)は、司法書士業務の一環として、いわゆるサラ金やヤミ金融業者からの多重債務者の法的救済――任意整理、調停、自己破産、民事(個人)再生などの助言・指導をしてきた。

・某月某日、告訴人は香織から総額数百万円の債務整理の委任を受け、ヤミ金融業者約三〇社に「通知書」をファックス送信した。

通知書の内容は、ヤミ金融業者の金利は出資法の定める金利(年利二九・二％)を大幅に超過するものだから暴利行為として契約は法的に無効というもの。

・以下、一連の脅迫・恐喝の経緯。

告訴の手続きは事務的なもので、警察も受け取るだろう――水谷氏の周辺では、誰もがそう信じて疑わなかった。

告訴の前日になって異変がおきた。水谷氏の代理人を務める弁護士のもとにM警察署から連絡が入り、告訴状を受け取ることができないと伝えたのだ。それでも、翌朝、水谷氏と弁護士は、予定通り告訴状を持って警察を訪れた。「事前通告」どおりM警察署は告訴状の受け取りを拒否した。「すでに被害届を受理して捜査しているから」というのが理由である。

刑事訴訟法には「司法警察職員は、告訴または告発を受けたときは、すみやかにこれに関する書類および証拠物を検察官に送付しなければならない」とある。M警察署の説明する「被害届を受理しているから告訴状を受け取らない」というのが、理由として成り立つのか疑問だ。告訴が捜査の邪魔になるとも思えない。

「たいした事件ではない。犯人もどこにいるか分からない。検察庁に報告するようになると大変だから告訴を受け取るのはやめておこう」

告訴を拒否したM警察署の本音を、こう邪推するのは的はずれだろうか。

「ヤミ金融もひどいけれど、いくら働きかけてもまともに取り合おうとしない警察もひどい。（法律の専門家である）司法書士ですらこうなのだから、一般の人の場合はもっとひどい対応をしているのではないでしょうか。ヤミ金から不当な金を取り立てられ追いつめられる被害者の気持ちが少し分かったような気がします」

　水谷氏は憤りをこらえるように語った。

　告訴はその後、再々にわたる働きかけでようやく受理された。そして事件発生から一年近くたった二〇〇三年三月、愛知県警は、覚醒剤取締法違反の罪に問われていた三〇歳代の男を脅迫容疑で逮捕し、事件は一応の解決をみた。

2　警察官立会いで商売するヤミ金——警察はいったい誰の味方？

　ヤミ金は、出資法や利息制限法をはじめ、貸金業規制法や刑法に触れる犯罪である。どうして犯罪が横行しているのか。背景には犯罪を見過ごし被害者を突き放しているとしか思えない警察の姿がある。

　神奈川県内で二〇〇二年六月下旬、債務者からの一一〇番通報で駆けつけた警察官三人が立ち会う中、ヤミ金業者が年利一〇〇〇％にのぼる違法な高金利を取り立てるという〝事件〟がおきた。被害に遭ったのはパート労働者の美智子（三五歳）だ。

　梅雨が明けたばかりの七月はじめ。曇天の蒸し暑い昼下がり、首都圏のとある駅前喫茶店に彼女は姿を現した。上品な中流の家庭婦人といった印象の人物である。明るくこぎれいな洋服に身を包み、顔には丁寧に化粧をほどこしている。やつれた気配は感じさせない。事前に知らなかったら、とても借金で困っているという人には思えなかっただろう。

「警察はいったい誰の味方なのか。くやしくて、くやしくて……」

注文したコーヒーが来る時間も惜しいように、彼女は警察に対する失望とやりきれない思いをもらす。耳を傾ける私に向かって、彼女は平静さを保ったまま話をした。

「ヤミ金に苦しむようになったきっかけは、夫の借金です。夫は」

続く言葉は意外だった。

「夫は……暴力を振るうんです」

彼女は夫の家庭内暴力＝ＤＶ（ドメスティックバイオレンス）に遭っていることを、感情を押し殺して打ち明けた。夫もまた多重債務に苦しんでいたという。ヤミ金にはまり警察に失望したいきさつを話す前に、彼女はまず、夫について語り始めた。

夫の暴力と浪費癖

最初に借金をしたのは夫だった。一流会社に勤め、手取りの月給は三五万円。結婚当初から家計は夫が握っていた。夫は乗用車を買ったり、部下を連れて飲み歩いたりと大判振る舞いを続けた。

「私はご飯さえ食べられればいいんです。でも夫は違う。金がないのは惨めなようで……」

美智子は、夫を非難するのではなく、むしろかばうような調子で言う。

最初の事件は結婚してから間もない一〇年ほど前のこと、出産をめぐって起きた。出産費用を美智子の両親が出す話になっていたのだが、事情があって急に金を出せなくなったのだ。その話を美智子がすると、夫は「なんで金が入っていないんだ！」と激怒して彼女を殴った。この事件をきっかけに、夫は頻繁に暴力を振るうようになった。

まもなく美智子は、夫がサラ金から借金をしていることを知る。銀行の無担保融資をはじめ、武富士やレイクなどのサラ金、合わせて約三〇〇万円。限度額いっぱいに借りていた。

「『融資できますよ』と言われて、必要もないのに目一杯借りて、そして浪費してしまう。一種の病気のようなものでした」

借金のことが分かってからは、家計は妻が握った。給料日になると三万円を夫に渡す。だが、その三万円も三日後にはすでにない。「金を出せ」という。「ない」と答えると暴力を振るう。酒におぼれて暴れた。怒った夫に突き飛ばされて、割れたガラスで頭を切ったこともある。とうとう貯金もなにも使い果たしてしまった。それでも夫は金を要求した。浪費と家庭内暴力に耐える一方で、外目には明るく幸せな中流階級の「金に困っていない家庭」を演じ続けた。

横暴な振る舞いを受けながらも、美智子はなぜか夫の悪口をあまり言わない。心のどこかで許している印象すら受ける。

「夫は子どものころ貧しかったんです。それで、自分で働いたお金を全部使わないと我慢できなくなってしまったのでしょう。『貯金があるからいいじゃないか』という感覚で浪費する。給料日前だから節約しようというのに耐えられないんです。彼にとって『金がない』というのはとても惨めなことのようです」

月給で手取り三五万円という収入は、一家が暮らしていくには決して不十分ではない。しかし夫には、この現実が受け入れられなかった。分相応の暮らしをしていくことができなかったのである。

美智子は力なく言う。

「私も子どものころには貧しかった。ご飯さえ食べられたらそれで満足できるんです」

実は彼女の両親もまた、サラ金地獄で苦しんだ過去がある。

三〇年ほど前、まだ小学生のときのことだった。父の弟がスーパーを経営しており、父はその連帯保証人になっていた。やがてスーパーは経営破綻し、サラ金の取り立てが美智子の一家を襲った。取り立て人が自宅に来て、逃げるようにひっそりと暮らした。締め切った雨戸に張り紙をされた。小学校の給食費にもこと欠いた。父は母に暴力を振るう……家庭は崩壊し、両親は離婚した。

「主人から暴力を受けるたびに、昔の嫌な思い出が蘇ってくるんです。ああ、私も母と同じ人生を生きているんだなあと落ち込むんです」

美智子は悲しい目のまま、作り笑いをした。

夫の浪費癖に苦しむ美智子が、ヤミ金のわなにはまった直接のきっかけは「悪徳弁護士」だった。一九九九年ごろのこと。夫がサラ金から借りた約三〇〇万円の返済に家計は限界に達していた。頭を悩ませていた彼女の元に、ある会社を名乗る男が相談を持ちかけてきた。

「ご主人の借金を一括で返せるようにしてあげるから、うちの会社に一度来てみませんか」

親切そうに説明する男の言葉に、美智子は直感的にうさん臭さを感じた。「弁護士を紹介する」と言ったが、美智子は断ろうとした。すると男は態度を変え、語気を強めた。

「相談に乗ってやったんだから、このまま返すわけにはいかないんだよ！」

すごむ男に対し、きっぱりとはねつけるだけの自信と気迫を、美智子は持ち合わせていなかった。結局断り切れずに、都内のある弁護士のところへ連れて行かれた。弁護士は夫の「債務整理」を受任、月々数万円を弁護士宛に振り込むよう指示した。

「弁護士に送金した金はすべてサラ金の返済にあてられているのだろう」、そう信じて支払いを続け一年以上たったときのことである。弁護士事務所から連絡が入った。その弁護士が死亡したので、あらためて別のD弁護士に委任してほしいというのだった。言うがままに美智子は応じた。

だが、不思議なことに、金の振り込み先はこれまでと同じ、死亡したC弁護士の口座でよいという。美智子は不審に思い、新しい代理人のD弁護士に確認を求めた。D弁護士事務所からの連絡は「大丈夫です」。なす術もなく、「おかしいな」と思いながらも金を払い続けたのだった。少しでも支払いが遅れるとけたたましく催促の電話がかかってきた。

後に分かったことだが、このD弁護士は、ヤミ金業者と結託して債務者から金を巻き上げていた、いわゆる「整理屋提携弁護士」と呼ばれる悪徳弁護士だった。美智子が、破綻した家計からしぼり出すようにして払ってきた金は、ほとんどが弁護士とヤミ金によってピンはねされていたのである。夫のサラ金をなんとか清算したい一心で依頼した弁護士。だがその実態は詐欺同然のインチキ集団だった。借金の重荷から解放されることだけを願い、ひたすら金を工面し続ける美智子の思いとは裏腹に、債務はほとんで減っていかなかった。それどころか、美智子をカモにしようと、ヤミ金がわなを仕掛けてぞろぞろと忍び寄ってきたのである。彼女はそんなことを知るよしもない。まるで、オオカミに狙われた赤ずきんと変わらなかった。

「互助会」かたるヤミ金

悪徳弁護士に引っかかっているとも知らず金を払い続けているうちに、自宅には融資勧誘のダイレクトメールが大量に届くようになった。低利・無担保・即融資――親切な言葉が散りばめられていたが、実態はすべて年利一〇〇〇%~数千%のヤミ金。「〇×互助会」「▲〇国民サービス」というのもあった。美智子の目には、ダイレクトメールの文面からは良心的な業者の姿しか想像できなかった。

ヤミ金のわなに落ちたのは、親の病気が契機だった。年金で暮らしている母と再婚した義父が、白内障の手術で入院することになり、母から「金を工面してくれないか」と相談されたのである。相談されたところで、貯金もすべて使い果たした一家に、貸し出せるような金などない。「お母さん、どうにもならんよ」と、母の頼みを泣く泣く断るほかなかった。だが、断りながらも、美智子の脳裏にかつての嫌な思い出が蘇った。サラ金地獄で苦しみ、苦労した母の姿が浮かんだ。

「苦労して私を育ててくれた母に、何もしてやれないなんて……」

年老いた母を見捨てたくないあまり、美智子は、ダイレクトメールの一枚を取り上げ、電話をかけた。「アトム」という名の東京都知事登録業者だった。彼女の話を、男は丁寧に聞き、答えた。

「困っているようですね、すぐいらっしゃい」

美智子が向かった先は東京都豊島区池袋のマンションの一室。事務所に入ると親切そうな男が応対した。「二〇万円お貸しできますよ」というのを「一〇万円でいいです」と断り、指示されるままに借用書を書いた。元本一〇万円に対して利息は一ヵ月で六万円。一括返済だと一六万円だという。この業者には、最終的に利息名目で一二回に渡って四万円から七万円を払い続け、約一年間で計五三万円を支払った。年利約六〇〇%。ヤミ金としてはもっとも「良心的」な業者である。

父の手術には二〇万円が必要だった。結局、数日して美智子は池袋にある別の業者を訪れた。一〇万円を借りて月々六万円の利息を払った。ここは「恐かった」業者の一つだ。

「支払い期限の前日には必ず電話を入れさせるんです。一日でも入金が遅れると激しく怒鳴られました」

ある時、美智子は発熱して寝込んでしまい、支払いに行けなかった事がある。「一日だけ待ってほしい」と電話で言うと、相手は「借りる時はしゃあしゃあと来やがって、返す気がないんだったら借りるんじゃねえ‼」と声を荒げた。

「熱が出て動けない……」と説明しても「そっちの理由なんか聞いていられない」と脅した。仕方なく、はうようにして郵便局に行き、給料からなけなしの金を入金したという。サラ金の「支払い」に追われ、夫の暴力に耐え、ヤミ金の取り立てに脅えながらの「かろうじて食べるだけの生活」になってしまった。

夫のサラ金を整理するために頼った悪徳弁護士にだまされ、家計を圧迫された挙句、親の病院代に事欠いてヤミ金にひっかかり、さらにその支払いのために別のヤミ金に手を出していく。美智子のたどった道は、多くの多重債務者がたどる典型的なものだった。だます側から見れば、まんまと手口に乗っかったカモだったと言えよう。

光熱費も払えない窮地に陥ってしまった美智子は、近所の人に言い訳をして二〇〇〇円だけ借りたり、給料が入るとかろうじて三ヵ月前の光熱費だけ払ってしのいだ。

こういう場合、家族で相談していれば、早いうちに解決の道を見出すことができるのだろう。

だが、夫に相談するどころか、夫におびえる妻であった。外見は平和な中流家庭を装いながら、内実はその日の食費にも事欠く暮らし。それを誰にも相談できないでいる。なんという酷な生活だろうか。

ヤミ金三軒目は横浜の業者だった。八万円を借りて毎月一二万円を必ず支払うという約束だ。事務所に払いに行くと、業者の男は借用書をシュレッダーにかけながら「こんなに返すと生活できないでしょう」と、また八万円を貸し付けた。元本は八万円だったが、借用書には次の内容が書かれていた。

「私は一二万円を借りました。毎月一二万円を返します。利息だけなら四万円です。弁護士は入れません」

その次は無料電話「0120—」で始まる東京の業者。三万円を借りて一〇日後に五万円。やっとの思いで払い切ったものの手元に金がなくなったので再び利用した。今度は六万円借りて一〇日後に九万円。その次は七万円で一〇万円——。さらに、新宿区の通称「ヤミ金ビル」と呼ばれるDマンションに入居しているヤミ金業者からも借りた。業者は直接事務所に来るように指示した。年利二〇〇〇％以上の暴利。口ぶりはやさしかった。

「ミッちゃん、生活困っているんでしょう。持っていきなさい」

恐ろしいことになると知りながらも断れなかった。そして借りた金はすぐに別のヤミ金へと消えていった。もう限界だった。

おぼれるものはわらをもつかむという。どんなに絶望的な状況だと思っても、必死で生きようともがいているうちに助かることがある。逆に希望を捨ててしまっては助かるものも助からない。本人が絶望していても傍目にはたわいのないことで悩んでいるようなことがあるものだ。

美智子は、一縷の望みを捨てず、わらをつかもうとした。そして偶然、クレジット・サラ金問題対策協議会のW弁護士にたどり着いた。今度は悪徳弁護士ではなかった。W弁護士はただちにヤミ金に対し、犯罪行為であることを指摘して、取り立てを一切中止するよう通告した。

「取り立てがあればすぐ一一〇番する」「払わない」「『警察に被害届を出します』と伝える」「絶対払わない。毅然と対応する」

W弁護士からそう指示された美智子は「これでなんとかなる」と生きる希望を取り戻した。新たな事件がその直後に起きた。

警察官は誰の味方?

週末の午後八時ごろ、美智子は夫と中学生の息子の三人で外出先から帰宅した。夫と子どもが先に玄関を入り、彼女もあとに続こうとしたときのことである。駐車していた乗用車の陰から長身の男がむっくりと起き上がって、立ちはだかった。美智子は度肝を抜かれた。男は年齢四〇歳くらいで茶髪、色もののシャツに背広姿。一〇万円を借りたヤミ金融「D信販」の取り立て人だった。

家の中には夫がいる。気づかれては大変だ。そんなことを考えながら美智子はやっとの思いで言った。

「どんなご用ですか……」

体が震えた。

「どんなご用じゃないでしょ」

男は、穏やかながら威圧感を込めて答えた。

「どうして払いに来てくれなかったの？」

支払い期限から三日ほど過ぎていた。D信販の要求する金額は、利息を含み二〇日間で一五万円である。元本は一〇万円だから、年利にすると九八〇％にのぼる。出資法で定められた上限金利二九・二％のざっと三〇倍。ヤミ金にしては低い方だ。

W弁護士の言葉を思い出した。

「弁護士から通知が行っているはずです」

「来ていない！」

「そんなはずはない」

必死でW弁護士の名刺を見せて説明した。

「なんだって？」と男は名刺を取り上げた。

「警察に通報しなさい、と言われているんです」

「パトカーでもなんでも引っ張って来いよ！」

男にひるむ様子はない。美智子は一一〇番通報した。幸い夫はビールを飲んで寝ている。

警察はなかなか到着しなかった。

「おい！　警察はいったい何しているんだ？」

男はますます息巻く。恐ろしさのあまり、何度も一一〇番を回して助けを求めた。電話に出た警察官は「いまそっちへ行っているからね、何度も電話してくれても困りますよ」といなした。

ようやく近くの交番から警官三人がバイクでやってきた。警察官に向かって男は声を張り上げた。

「あいつは詐欺だ。金を借りて返さないんだ」


もちろん事実は異なる。男の業者「D信販」は、美智子に対し、三万円の元本に対し一〇日で五万円を返済させた。その次は四万円で二〇日後に六万円。年利にすると約二五〇〇％～九〇〇〇％に上る暴利である。

D信販が美智子からむしりとった不当な利息は約四万円。さらに、一〇万円を貸し付けて二〇日で五割＝五万円の利息を取ろうとした矢先に、W弁護士の元へ駆け込んだのだった。

「なんだこの野郎、ふざけるな。金がないんだったら俺と一緒に来い！　いくらでも仕事させてやる」

「メガホンついた車持ってきて叫んでやる。ここに住んでいられないように一日中さけんでやるぞ！」

「払えんのならここでパンツ脱いで仕事しろ！」

深夜の住宅街で声を張り上げる男を、警官は「まあまあ……」とたしなめた。脅迫じゃないのか――と美智子が指摘しても警官は「ああ、そう……」と、頼りなかった。

貸金業規制法で取り立てが禁止されている午後九時を回り、一一時近くになった。男は債権を証明するものを何も持っていなかった。その業者に対して警察官は、身元や貸金業登録の照会すら行おうとしない。ひたすら現場で「トラブル」を収めようと試みるばかりだった。

失意のもとに……

どれくらいの時間がたっただろうか。やがて男から話を聞いていた警官が言った。

「お金を借りた、返すというのは民事上の話だから警察は本当は立ち会う必要がない」

その言葉を聞いて美智子の体から力が抜けた。この警察官たちではこの場を収めることは到底できない……。彼女は男に言った。

「お金持ってくるから大きい声ださないでください」

一日の食事を一回に減らしてまで切りつめた暮らしを強いられている美智子の手元に、このとき偶然数十万円の金があった。例の悪徳弁護士から取り返したばかりの貴重な現金だった。

「金を払って帰ってもらうしかない」

失意のもと家に引き返す美智子の背中に警官のつぶやきが残酷に突き刺さった。

「金があるんだったらさっさと持ってくればいいのに……」

美智子は男に一五万円を手渡した。元本一〇万円に対して二〇日間あまりの「利息」を加えた分だった。警官はそれをみて「なんでそんなに……」といぶかしんだが、それ以上は追及しなかった。年利一〇〇〇%にあたる。

金を手にしたまま帰ろうとする男を警官が引き止め、領収書を書くよう促した。「そんなものはない」と拒んでいたが、やがて、美智子から取り上げたW弁護士の名刺に名前と領収金額を書きなぐった。そして「ウチとはもう何にも関係ないんだから、後で（金を返せなどと）がたがた言うなよ」と言い捨てて立ち去った。

D信販の出資法違反は明らかだ。「これではまるで犯罪幇助ではないか」と、事情を聴いたW弁護士は憤る。警察官が間近にいながら出資法違反という犯罪が行われてしまったのは、いったいどういうわけなのか。

「暴力団が恐いのか、あるいは法律を知らないのか。警察官はただの制服を着た人でした。まだ、一般の人の方がきちんと対応できるんじゃないか。これでは犯罪の検挙率が下がるのがわかるような気がします」

美智子は警察への失望をそう語る。

「現場に来た最初から私の言うことに対して『はいはい……どうしたの』と。まるで子どもを相手にしているような態度なんです。『どういう事情で借りたの?』なんて」

一方、現場で対応した警察官の所属する神奈川県警S警察署は、こう説明する。

警官立ち会いで金を受け取ったヤミ金が残した“領収書”

「弁護士に委任しているというので、示談が進んでいるのだろう、民事の問題だろうという考えで対応したようだ。警察の方から、金を払った方がいいとか悪いとか具体的な指示はいっさいしていない。美智子さんが払うというので双方が納得したと思った。『民事不介入』は昔のことでいまの捜査員の意識は違いますよ。ただ今回は被害者としての訴えや意識が確認できなかった。具体的に『出資法違反です』『違法な取り立てを止めさせてください』などと意思表示してくれないと現場での対応には限界がある。警察側に落ち度はなかった」

(S警察署広報担当)

SOSを出す美智子に対して、現場に駆けつけたのは地域課に所属する交番の警察官だった。交番の警察官は知能犯捜査の専門ではない。彼らは、とりあえずその場を収拾することしか頭になかったのだろう。ヤミ金という出資法違反事件には本来、生活安全課という専門の部署が担当する。一一〇番しても専門外の警官しか現場に向かわせない、あるいは現場から本署の詳しい警察官に判断を仰ぐこともやらないシステム。さらに言うならば、ヤミ金犯罪を捜査する部署への人員を一向に増やそうとしない警察全体の姿勢そのものが、ヤミ金を本気で取り締まる気持ちがないことを物語っている(注)。

(注) ヤミ金対策法成立に伴って、警察庁は人員を増加する方針を表明している。

3　まさに金融テロ——恐喝金融暴行事件

出資法違反、貸金業規制法違反、恐喝、脅迫、威力業務妨害。まさに「金融テロ」というべきめちゃくちゃな犯罪行為をほしいままにしているヤミ金融だが、被害者の訴えを警察がまともに相手にしないという証言は実に多い。

「証拠がないから事件にならない」「電話しか手がかりがないし、相手がどこにいるか分からないでしょう」「警察も暇じゃない。二四時間ついているわけにもいかないんだ」「弁護士とか、そういう相談するところへ行ったらどうですか?」——などと言われて、被害届すら受け付けてくれないのだ。

大阪でヤミ金・サラ金の被害者救済に取り組んでいる「大阪いちょうの会」は、追い返されても追い返されても地道に被害届を警察へ持っていくという運動を、全国に先駆けて試みた。その結果、最近になってようやく警察が以前より積極的にヤミ金の事件捜査をするようになったという。

「警察署には最低三度行かなければ相手にしてくれない。あきらめず何度でも行く必要がある」

とも言われていた。確かに、今年に入って警察の対応はましになった。『ヤミ金は犯罪だ』という話が多少でも通用するようになっただけでも随分と進歩したものだ。だがヤミ金の方はそれにも増して増殖し、手口も悪質になってきている。被害は減るどころか、無関係の人をも巻き込んでひどくなる一方だ。そして、警察署の中にも依然として被害者を被害者とみなさない対応がある。

「ガラスを割られるとか、殴られるとかしないと、警察は動けない」

そんな根拠のない言い訳がいまもなされている。ならば、実際に殴られたりした場合はどうなのか。「ヤミ金に殴られました」と警察に駆け込んだらすぐさま「動いてくれる」のだろうか。独断と偏見を承知で、私が取材を通じて感じている印象を言おう。否だ。殴られたからといって、ただちに動いてくれるとは限らない。

確かに、ヤミ金被害者の訴えを誠実に聞いてくれる誠実な警察官もいる。だが、すぐに被害届を受理するなど即応している例は珍しい。おびただしい数のヤミ金被害を片端から捜査するだけの人材と予算、組織的な構えがなされていないという、この部分にこそ一番大きな問題がある。「積極的に捜査するように」と、警察庁の幹部がいくら掛け声をかけたところで、人と金がなければ、現場の警察官がしんどい思いをするだけだろう。

犯罪集団に襲われた市民が頼りにするのは警察しかない。しかし、あまり頼りにしていると期待は裏切られるかも知れないというのが、残念ながら現実だ。結局、自分の身は自分で守るしかないという結論に行き着いてしまう。

では、どうやって身を守るのか。金がある人ならボディーガードを雇えばいいだろう。問題は被害者の九割を占めるつつましく暮らすまじめな納税者である。こういう場合、矛盾するようだが、やはり警察に仕事をしてもらうほかないのだ。動かない警察を何とか動かすしかないのである。「なかなか動かない」警察ではあるが、何度も働きかけているうちに動きだす。相手にしてくれなかったといっても決してあきらめてはいけない。


次に紹介するのは暴力団員のヤミ金によって、繰り返し暴行を受けながら合計数百万円もの金を脅し取られた男性の話だ。ヤミ金犯罪の中ではかなり悪質で手荒な事件である。それにもかかわらず、警察は長い間、まともに事件として取り上げようとしなかった。この頼りない警察に対して、被害者は失望しながらも、あきらめることなく足を運んだ。そしてとうとう警察に重い腰を上げさせ、犯人逮捕（暴行、出資法違反容疑）に行き着いたのである。おびただしいヤミ金の犯罪件数に比べればほんのごくわずかな「幸運」（ヤミ金側にしてみれば「不運」に違いない）な結末だったと言えよう。だがその幸運な例をとってみても、結局、犯人に対する処分は甘すぎる。先だって出された犯人の処分内容は、わずか罰金五〇万円の略式刑であった。

「民事裁判で返金と損害賠償を求めたいのが本音です。でも罰金払って犯人が出てくるわけですから、何か報復されるんじゃないか……」

男性は不安気な表情で事件の顛末を話しはじめた。

パチンコ店で手にしたチラシ

暴力団員のヤミ金から金を脅しとられた被害者の男性は、愛知県内の小山（四〇歳代）だ。コンビニ店で働きながら、年老いた母と暮らしている。

小山がヤミ金地獄に足をすくわれたきっかけはパチンコ店で手にいれた一枚のチラシだった。車のワイパーにはさまれていた。昨年の正月だった。

チラシには「審査なし　即日融資」という呼びかけの言葉。小山の心は動いた。実は、彼は数年前、サラ金の借り入れがかさんで自己破産している。借金にはこりているはずだった。サラ金から借りようとしても、普通は貸してくれるところなどない。

かつては、破産者というのは借金をしようとしても物理的に不可能だった。したがって再び債務を負う危険性がなく安全だったといえよう。だが、最近では金のない破産者を狙い撃ちにして暴利をほしいままにするヤミ金が大量に発生、破産者はヤミ金地獄へ引きずり込まれる危険にさらされている。

小山は、チラシの言葉に誘われて０９０で始まる番号に電話をかけた。

電話に出た男は、ある薬局の駐車場に来るよう指示した。小山がそこに向かうと、一台の乗用車が止まっていた。車内には「ゴトウ」「ヤノ」という二人のヤクザ然とした男。小山は言われるがままに二人組から「一口」二万五〇〇〇円を借りた。返済の約束は五日後に三万円。年利にすると一四〇〇％あまりにのぼる暴利だ。当然ながら、たちまち返済に行きづまった。困っている小山に対して「ゴトウ」らは二口五万円を貸し付けて、「利息分として一口二万五〇〇〇円だけ返せ」と迫った。二口はじきに三口となり、さらに四口、五口と増えていった。とうとう一年あまり後には二六口＝元本七八万円＝の返済に苦しむまでになってしまった。

二六口の返済とはいったいどういうことなのか。小山は説明する。

「二六口七八万円の借り入れがあると、利息だけで五日おきに一三万円を払わないといけないんです。一〇日後だと二六万円、一ヵ月で七八万円。つまり一ヵ月たてば、まるまる元金分を利息として払ってしまうことになる。そして元金は減りません」

返済に苦しんでいるのを見透かしたかのように、小山の自宅にはヤミ金各社からのダイレクトメールが続々と届いた。そしてうかつにも手を出してしまった。大半は東京の業者で、銀行振込で金のやり取りを行った。「利息」を払うために借り、その新たな借り入れの利息をまた別のところから借りて払う。「ゴトウ」のヤミ金を最初のきっかけにして、合計一〇件のヤミ金から連日返済を迫られるのに、時間はかからなかった。

最初の暴力ざたはゴトウから借りてから半年あまりたった昨夏に起きた。その日、一〇万円を払うよう要求されていた。だが、どうしても金を作ることは出来ない。親には内緒にしている。

日が暮れかけたころ、とうとう小山は腹を決めた。

「恐いが、殺されることはないだろう。踏ん切りをつけなければ……」

手ぶらのまま、恐ろしさに耐えながらいつもの駐車場へ向かった。人気のない場所に、見覚えのある地元ナンバーをつけた大衆向け乗用車がエンジンを切って止まっていた。

「車に乗れ」

車の中から声がした。小山は後部座席に乗り込んだ。隣にはゴトウ。派手な柄入りのシャツをはおっている。運転席にはヤノと呼ばれていた格下の男がいた。

開口一番、ゴトウが聞いた。

「持ってきたか」

小山は意を決して答えた。

「今日は一銭もできませんでした……」

「お前、バカにすんなよ、人をなめたらアカンぞ‼」

激高したゴトウは、いきなり胸倉をつかんで顔面に殴りかかってきた。一発、二発、三発……。

そしてこう言い捨てた。

「今度は持ってこないとアカンぞ‼」

同じ場所に金を持ってくるよう厳命されてしまった。

数日後、小山は友人の勧めで最寄のS警察署へ向かった。対応した生活安全課の警察官を前に、窮状を必死で訴えた。

「今日中にヤミ金にお金を持っていかないといけないんです。助けてほしい」

だが警察官は突き放すかのごとく言い放った。

「借りたら返すのが当たり前だ。借りるお前がバカなんだ。殴られでもして、暴行の被害でもあれば捕まえられるが」

それを聞いて小山は言った。

「殴られたんですよ」

だが警察官はこう続けた。

「証拠がないから本当かどうかわからない。なぜ病院に行かなかったのか」

怒るような調子だった。実際小山は、病院へ行っておらず診断書もない。

「待ち合わせ場所がわかっているから、私が金を持たずに行きますよ。ゴトウはまた殴ってくるでしょうから、そこを捕まえればいい」

小山は、必死の思いで提案した。うんざりした様子で警察官は否定した。

「日本ではおとり捜査というのはできないんだ」

「まるでしかられているようだった」と小山は振り返る。暴力的なヤミ金に対して、いったいどう応じたらいいのか、警察はまったく教えてくれなかった。

「警察に行けば身の安全を保障してもらえると思っていたが、実は何もしてくれないんだと。警察ってこんなものか、一般市民には何も力にはなってくれないんだなと、腹立たしい気持ちで家路につきました」

警察によってけんもほろろにされた小山は、やむなくヤミ金「ゴトウ」に金を払うようになってしまった。自分の身を守るには、もはやそれしか思いつかなかったのである。

「すみません、入金が遅れます。○日まで待ってください」

「じゃ、その日に出来るんだな」

「はい……」

ゴトウの声は意外に「優しかった」という。

年老いた母の嘆き

小山の母泰子はもうすぐ八〇歳になる白髪の老人だ。S警察署の一件以降、息子の置かれた惨状を知ることになった。それからは、親戚、身内から金を借りてやっては息子の小山に渡し続けた。息子はその大切な金を、暴力団員のヤミ金ゴトウに貢いだ。

「支払い日の朝になると息子が泣くようにして『金ができない、金ができない』『持っていかないと殺されるかも知れない……』と訴えるんですよ」

泰子は苦しかった当時を語る。

「なんでこうなってしまったのかと、涙がこぼれました。胸が張り裂けるような思いでした」

涙を浮かべる母に小山は「母ちゃん泣くな」と声をかけた。親子ともになす術を知らず、ただ嘆くほかなかった。

戦中、戦後を生き抜いてきた泰子は、子どもの苦しみは親の苦しみだと思ってただ耐えた。

「とうとう、どん底に来たね」

親子で笑ってやり過ごしたこともある。

母から無心した金を小山は、二万円、三万円と毎日のようにゴトウに持っていった。彼の頭の中は、毎日毎日、どうやって金をつくるかということでいっぱいだ。アルバイトの仕事も手につかなかった。とにかく何がしかの金を持っていかなければ。そうしないと殴られる。殺されるかも知れない。恐怖が心を支配した。「刺すぞ!」と短刀を見せられたこともある。

「金を入れるとゴトウは機嫌がいいんです。『一万円でも二万円でも金を持ってくることが信用だ』と言っていたものです」と小山は言う。

一方の泰子は、親戚・兄弟・友人と、ありとあらゆる身内・知己に頭を下げ、「息子のため」に金を借りた。親戚や子ども夫妻とのつき合いもできなくなった。孫の顔も見られない。それほどの犠牲を払って工面した金だが、決して息子のためにはなっておらずヤミ金を超え太らせただけだった。自分たちが苦しむ以外、何の意味もない。

最終的に親戚からの借金が約一〇〇万円、夫の兄弟や知り合いから約一〇〇万円、定期預金をはじめ、老後のためにとっておいたたくわえもすべて吐き出した。合わせて総額五〇〇万円をまんまと、吸血鬼のようなヤミ金に吸い取られてしまったのである。貯金残高は一〇〇〇円あまり。財布の中に一万円札があることが珍しい。食事は日に一度だけ、ご飯とおかずは漬物だけという暮らしを強いられた。

そんな状況で迎えた今年二月某日。ゴトウとかかわりを持つようになって一年あまりがたっていた。この日、小山は「(利息の)残り六万円」を持ってくるようゴトウから命じられていた。だが、家にはもう金はまったくない。借りるあてもなかった。しょせん、いつかはこうなるのだった。冷静に判断できたとしたら、とっくに分かっていた結末だ。そして、警察が当初から積極的に動いていたなら、もっと被害が少ないうちに解決できたことだろう。

この日の待ち合わせ場所は、あるレストランだった。小山は金を持たないまま、恐るおそるレストランを訪ねた。丸テーブルに見覚えのある顔。ゴトウとヤノがいた。小山は導かれるままにゴトウの真横に座った。

「もうお金できそうにないんです……」

「お前、バカにしとんのか‼ なめとったらあかんぞ!」

ゴトウが怒鳴り小山の胸倉をつかんだ。酒のにおいがした。そのままゴトウのこぶしが顔面に飛んだ。四、五回は殴られただろうか。さらにゴトウはボールペンの先を小山のほほに突き立てて、力を込めながら言った。

「〇日までに一九万円もって来い！」

六日後である。もう限界だ。断ち切らなければ死ぬまでたかられる――小山は覚悟を決めた。

この晩、小山は友人のところへ駆け込み、事情を話した。友人は驚き「警察へ一緒に行こう」と勧めた。だめでもともとだ、と思いながら小山は以前相談したことのあるS警察署を訪ねた。刑事課の捜査員が応対した。

「金は絶対に持っていくな！」

刑事は繰り返して忠告したものの、ゴトウの脅しについては、積極的に何をしてくれる風でもなかった。

「ゴトウとの待ち合わせ場所は、分かっている。捕まえてくれ！」

「おとり捜査はできない」

そんなやりとりが交わされた。時間はない。小山がこれ以上金を払わないつもりでいることが分かれば、ゴトウはきっと激怒して追ってくるだろう。

「相手はチンピラだ。何をするか分からないから当分身を隠せ」と刑事も言った。

小山は自宅に寄り付くことはやめて、警察を出ると友人の家に直行した。そして自宅の泰子に電話をかけた。

「ゴトウが家に来るかも知れない。お母ちゃんも危ないから知り合いのところへ逃げてくれ」

だが泰子にはもはや気安く頼れる知人や親戚はいない。思いつく限りの人には、すでに金を借りるため頭を下げて回っている。金も返済していない場合がほとんどで、まともに顔向けができない人たちばかりだ。

それでも泰子は、ある友人のところへ逃げ込んだ。二月の寒い日だった。本当は泊めてほしかった。だが「世話になっている」という引け目から、言い出せなかった。深夜一二時がすぎた。「うちで泊まっていけば」という言葉を待っていたが、知人は「送っていってあげるから」と切り出した。仕方なく帰宅するほかなかった。

凍りつく夜道を自宅に向かった。びくびくしながら真っ暗な玄関を入り戸締りをした直後である。電話が鳴った。果たして……ヤミ金の男からだった。

「午後一一時半まで家の前にいたんだ。息子を隠しているんだろう」

電話口から怒声が聞こえてきた。

「隠してません」

震えながらやっとの思いで泰子は答えた。だが電話の相手は威圧するように続けた。

「隠してもだめだ!! 隠しとるんだったら明日の朝までに来るように言え。こっちは若いもん動員して探したらすぐに見つかるんや。もし俺の方が先に見つけたら殺すからな!!」

泰子は、気が動転してただおろおろとするばかり。布団も敷かずにコタツにうずくまって長い夜を明かした。

翌朝の六時から再び脅迫電話が始まった。五分、一〇分おきに電話が鳴る。泰子は留守番電話に切り替えた。

「バカやろう!!」

「何度、電話したらいいんだ!」

罵声がいくつも録音された。自宅にいるのが恐怖となり、早朝、暗いうちに裏口からそっと抜け出した。日中は知人のところで過ごし、日が暮れてから忍び足で帰る。家の中に戻ると相変わらず電話が鳴っている。ぞっと震えた。鍵をかけて電気もつけず、閉じこもった。

被害届はいったい……

小山はS警察署に被害届を出した。出資法違反、傷害、恐喝容疑で届を出したつもりだった。この被害届をめぐっては実はとんでもない「思い違い」があったことが分かるのだが、それについては後に触れる。ともかく、警察に相談している間も事件は広がり続けた。

小山が身を隠し始めてから五日目のことだった。父・哲夫はガンで入院している。あろうことか、その入院先の病院にゴトウらは押しかけてきた。

泰子はこの日、朝から病院へ出かけた。知人の家にも行きにくくなり、ほかに身を寄せる場所がなかったからだ。

「息子は大丈夫か……」

哲夫は病床から母子の身を気づかった。そして悄然とした泰子に力なく言った。

「昨日（ゴトウが）また来たで」

ゴトウらは病院にたびたび来ていた。

「『今日までに七万円つくれ』と言われたよ。俺にそんなこと言われてもできない、といったら帰った」

夫はもうろうとしながら、病床の身に起きた出来事を話した。泰子は途方に暮れた。

日が暮れ、病院を出なければならない時間になった。自宅に到着し、玄関の鍵を開けて家に入った。そして鍵をかけようと振り向いたその時だ。泰子は心臓が止まりそうになった。真後ろに男が立っている。ゴトウだった。

「お母さん、息子いるんだろ！」

ゴトウはすごんだ。

「いえ、いません」

やっとの思いで泰子は答えた。

「裏から逃がすんだろう！」

男はさらに声を荒げ、続けた。

「金をもらうんだと、お父さん（哲夫）と約束してきたんだ。息子隠したってアカンぞ‼」

泰子はただもう震えるばかり、ショックのあまり、このときの出来事をあまり覚えていない。

ちょうどこのとき、知人宅に避難していた小山は虫の知らせなのか、悪い予感がした。そして自宅に電話をかけた。泰子の様子に異変を感じ、すぐS警察署に通報した。母が危ない――緊急事態だった。

「家に暴力団が取り立てに来ているかも知れないんです。高齢の母がいるんです。すぐに行ってください」

小山は必死で説明した。だが警察の反応は鈍かった。

「来ているかどうか分からないなら行けません」

「様子がおかしいから、とにかく行ってみてくれ!!」

しばらく押し問答をした挙句、ようやく警察が出てくれることになった。震える泰子の元へ近くの交番から二人の警官が到着した。すでにゴトウは引き揚げた後だった。泰子も、この事件をきっかけに知り合いのところへ避難することになった。

小山が、出資法違反、傷害、恐喝容疑でS警察署に被害届を出しているつもりでいることはすでに述べた通りだ。だが一向に犯人のゴトウが捕まる気配はない。すでに二週間が過ぎている。脅迫も続いており、親子ともに怯えながら身を隠す暮らしがいつまで続くのか。

「警察は何をしているんだろう」

苛立ちは募るばかりだ。友人の勧めで小山は地元の民主商工会(民商)へ相談することにした。

そこでサラ金・ヤミ金被害者の支援を行っていると聞いたからである。小山は、大勢のヤミ金被害者が集まった場で事情を説明した。警察の対応について不満を感じているのは、小山だけではなかった。

被害届からほぼ一ヵ月がたっても、何ら状況は変わらなかった。厳冬期を過ぎ、もうすぐ桜が咲こうするころ、小山は民商の仲間とともに県警本部を訪れた。どんなにひどい事件なのかを説明して、早く捜査してくれるよう訴えたのである。それを聞いた本部の警察官は「所轄署に連絡しておきますので、また行ってください」と返答、実際その後S警察署に伝えた。

翌日S警察署を訪れた小山は、意外な事実を知らされる。一ヵ月前に出した被害届はてっきり出資法違反、傷害、恐喝容疑だと思っていた。それが違うというのだ。傷害、恐喝での被害届は受理されていなかったのである。

「前の調書では傷害については取っていなかったんですよ。ヤミ金の出資法だけで……」

S警察署の警察官は体裁が悪そうに説明した。小山にとっては驚きだった。まさか傷害・恐喝の捜査をしていなかったとは。

いずれにせよ、県警本部に足を運んだことが功を奏し、S署は傷害（後に暴行）事件としての捜査を、遅まきながらはじめた。小山さんがゴトウに殴られた喫茶店の現場に行って写真を取り、調書を取り直した。挙句に「管轄が違うから」と別のM署に事件は移され、そちらにも足を運ぶことになった。

そして、さらに一ヵ月後。ゴトウとヤノは、父の哲夫が入院する病院へ車で乗りつけたところを待ち受けた警察官に逮捕された。指定暴力団山口組系の組員だった。

小山は言う。

「警察に動いてもらうのは本当に大変でした。腹が立ちます。でも、これでも運がいいと思う。もっとひどい状況の人はいっぱいいるはずです。一般の市民を助けてくれないと、小さな事件でも動いてもらわないと、いったい何のための警察か分からないじゃないですか。殺されてから動いてくれるんでは遅すぎる。（弱い立場の）私たちは警察しか頼れないんです」

4　ドキュメント・おばあさんは戦った！——弱者を狙う卑劣なヤミ金

ヤミ金融の格好の標的は経済的な弱者だ。日銭に困っている弱みにつけ込んで暴利をむさぼる。その卑劣な正体をむき出しにした象徴的な事件がおきた。被害に遭ったのは、難病で働くことができず、生活保護を頼りに細々と暮らす七〇歳代の女性だ。文字通り命綱の生活保護費。そのなけなしの金を「役所に言って（保護費を）止めてやる」と取立人は冷酷に言い放つ。「あんた保護費ないと生きていけないでしょ」とあざ笑う。一方で「借りろ、借りろ」としつこい融資の誘い。

ヤミ金地獄の崖っぷちに立ち、絶体絶命の状況でおばあさんは必死で耐える。脅迫、いやがらせに震える日々。手元に残ったわずかな金を握りしめ、勇気をふりしぼって卑劣なヤミ金に立ち向かった——。

なにより大事なのは被害者自身が勇気を持って戦うことなのだと教えてくれる。

「助けてください……」

二〇〇二年一一月一七日の夕方のことだった。私は、ヤミ金をテーマにしたテレビ番組の放映に立ち会うため、ある放送局の番組デスクで待機していた。番組は、ヤミ金被害者救済に取り組む司法書士への脅迫事件（Ⅱ章1「債権回収屋G」）を追ったドキュメンタリーである。番組の主題は、金融業者をかたる「ヤミ金」の実態が金融・貸金業などという生やさしいものではなく、卑劣で非道な「追いはぎ」だということを告発し、警察の対応がいかにひどいかという行政批判にあった。

視聴者からの反響は大きかった。二〇分の番組が終わったとたん、デスクでは放送局の交換手から転送される問い合わせの電話が鳴り続け、三、四人がかかり切りで対応を余儀なくされた。問い合わせのほとんどは「ヤミ金やサラ金で困っている」「どこへ相談したらいいのか」という内容だった。ほかに「高利だと分かって借りているのだから、借りる奴が悪い」「くだらない放送をするな」などという電話もかかってきたが、こちらの方はヤミ金関係者からの「苦情」の類とみられた。

山田さん（七〇歳）から電話がかかったのはこの時だった。鳴りっぱなしの状態となっていた電話のひとつを私が取ると、電話口から女性のかすれた弱々しい声がした。何を言っているのかよく聞き取れない。

「今日中に五万円払わなければ」「助けてください……」

声が震えている。何度か聞きなおして、何を言わんとしているかがようやく理解できた。女性はヤミ金の被害者だった。難病と闘いながら生活保護を受けてひとり暮らしをしているという。

「絶対に金を払ってはいけない」「ヤミ金から借りて払ってもいけません」「警察に通報してください！」

私は何度も繰り返した。そして全国クレジット・サラ金被害者連絡協議会（クレサラ被連協）の電話番号を伝え、そこに相談するように言った。たどたどしく番号をメモしている様子がうかがえた。

「ありがとうございました。電話してみます」

頼りない声で山田さんは礼を言った。私の中に気がかりが残った。はたして彼女は無事、自力で被害者の会にたどり着きヤミ金地獄から抜け出すことが出来るだろうか――。

「ちょっと待って。あと、この番号も控えておいて……」

私は彼女に自分の携帯電話の番号を教えた。

「困ったらここに電話してください」

電話は切れた。

翌日の夕方になって、私の携帯電話が鳴った。山田さんからである。前日より切迫した様子だ。助けを求めている。

「昨日教えてもらったところ（クレサラ被連協）へ何度電話してもつながらないんです。明日までに五万円払えと脅されています。助けてください……」

電話がつながらないのには理由があった。このころ東京都大田区にあるクレサラ被連協の事務局には、全国から助けを求めるヤミ金被害者から、数百件に及ぶ電話やファックスが殺到していたのだ。

「脅されているんです。助けてください」

山田さんは何度も繰り返した。私は住所を聞いた。関東の地方都市だ。

「分かりました。これから行きます」

私は、自宅を出て駅に向かい帰宅途中の通勤客で混み合う電車に乗った。いくつか列車を乗り継いで人気のない駅で降りた。夜風が身にしみる。彼女の住む市営団地はすぐに見つかった。呼び鈴を鳴らしたが返事はない。ドアののぞき穴の内側から外をうかがっている気配がする。

「はい……どちらさんですか」

弱々しい声が、ドアの向こうからした。

「私です、電話した三宅です」

鍵を回す音がして、ようやくドアが開いた。手を震わせながら、背中を丸めた老女が、悄然として立っていた。難病を持ち、生活保護でひとり細々と暮らしている七〇歳代の女性、山田さんだった。二〇〇二年一一月一八日、午後九時を回っていた。

「借りるから悪いんだよね」

一一月一八日

「病院や役所へ行く電車賃だけはとっておかないといけない。往復一〇〇〇円いくらかかるから。三日くらい食べないことあります。米が買えなくて。先月あたり。公共料金は待ってくれって言うよりしょうがない」

山田さんは、力なく笑いながら居間のちゃぶ台の前に座った。私が差し入れた肉饅頭を持った手が震えている。神経性の難病があり、病状が進んでいるのだという。

「遊んだわけじゃない。パチンコするわけじゃない。着るもの買うわけじゃない。なんでって言われてもわからない」

山田さんは、大事そうに饅頭をちぎっては口に運びながら、身の上話をはじめた。

「一六年前に離婚した夫がサラ金から借りたことがそもそものはじまりでした。自営で建設業をやっていて、その資金にするためのお金です。だんだん支払いがきつくなってきて、私もサラ金から借り入れをするようになりました」

あとの祭りではあるが、夫が支いに窮した時点で調停をするなり、信頼できる弁護士に頼んで任意整理をすべきだった。サラ金の利息は利息制限法を超えた高金利だ。この本来払わなくていい高金利ゆえに苦しんでいるわけだから、正当な利息制限法の金利を主張すれば、債務額は必ず減るのである。無論、こうしたからくりを知っていればとうに実行していただろうし、最初からサラ金に手を出すこともなかったに違いない。

「夫の事業は破綻し、負債だけが残りました。私たちは離婚、別れた夫は二年ほどして病気で死にました。私は掃除婦をしながら、残ったサラ金の借金を払い続けてきたのです。一生懸命。朝昼晩働いたんです。お掃除。朝早いでしょ、昼はホテルの仕事——それを一六年間やってきた。支払いが苦しいときには友人・知人に借りました。五年前に破産して債務を免責されましたが、友人らへの借りは返さないといけないので」

「人間関係を壊したくない」一心で、山田さんは、質素に耐え、わずかずつでも友人への借りを返していた。

二年ほど前、そんな彼女に病気が追い討ちをかけた。パーキンソン病を発症し、働けなくなったのである。

役所に何度も掛け合い、厳しい調査を経てやっと生活保護の受給がきまり、市営住宅にも入ることができた。かろうじて最低限の生活を確保したものの、彼女の中に「友人からの借金を返さないと……」という思いは依然、心の負担になっている。融資勧誘のダイレクトメールが大量に届きはじめたのはそんな矢先のことだった。電話をすると男が親切な声で対応した。

「出歩かなくても家に（金を）持ってきてくれるいい人だ」と、山田さんは当初思ったという。

二万円借りて（実際は一万五〇〇〇円）利息が半月で一万円。一括なら三万円。別の業者は一万円の借り入れに対し、一五日間で一一万円の返済を求めてきた。すでに計二万円近くを払ったにもかかわらずにである。

「毎日入れろっていうもんだから……きょうも二〇〇〇円払ってきた。一日遅れるたびに利息五〇〇〇円」

一日の利息が五〇％、年利にすると一八〇〇〇％に上る超暴利である。

「片っ端から（ダイレクトメールの業者に）電話して借りられたら電話しろというんです。恐いから負けちゃうんですよ……」

こうして山田さんは五社から計約六万円を借り入れた。元本分はとっくに返済ずみだが、脅されて生活保護費のほとんどをヤミ金に払い続けているという。通帳の残金は八円。財布の中には二〇〇〇円しかない。病院へ行ったり生活保護を受け取るための大事な交通費である。

取り立てと称する脅迫電話は夜中でもかかってきた。

「キャバレーとかから電話かけてきているようで、『ババアぶっ殺す』とか言われました。お金持っているんでしょうね。夜の一〇時とか一一時に」「電車に飛びおりればすぐに楽になれるなんて、何回も。お金なんてなくていいから、心配しないだけ。夢の中でも取り立てがくるんです。

金の心配をしない日はなかった」

慢性的な不眠が襲う。だがなぜか役所には相談できない。「金払わないと役所に言うぞ。保護もらえなくするぞ」とヤミ金業者から脅されているからだ。

「心配ですよね。ここ（市営住宅）にも置いてもらえないし食べてもいけない」

保護費を切られるのを恐れて役所に相談できない弱みに付け込んで、ヤミ金業者は保護費をすべて吸い上げている。近所の目も恐い。

「近所に知られたら役所に告げ口するから」

さらに警察にも相談しかねているという。

「『こういうのから借りるから悪いんだ』なんて言われてしまうから……借りるから悪いんだよね」

山田さんは力なくつぶやき、あきらめたような表情で床についた。この夜、久しぶりにヤミ金からの電話はなかった。

シラを切るヤミ金

一一月一九日
一一月の午前六時前はまだ暗い。山田さんはすでに起き出している。夜中にもしばしば目が覚めるという。サラ金・ヤミ金のことが気がかりで、ろくろく眠れない生活がもう一六年も続く。よろよろと足を引きずりながら台所へ向い、震える手で薬を取り出す。流し台の前に足台を置き、その上に立って蛇口をひねり出してコップに水を汲む。そろそろと台から降りて薬を飲む。すべてがスローモーションのようなゆっくりとした動作だ。それでもいまはなんとか自活できるだけよい。病状は次第に進行している。将来どうなることか、山田さんの心配は募る。

朝食はかろうじて残っているご飯と味噌汁。貴重なおかずであるコロッケをひとつ、電子レンジで温めて「何もないけど食べて」と、取材のために前夜から泊まっている私のために出してくれる。

いままで多数の多重債務者を取材してきたが、「けち」な人は少ない。むしろ無理をしてでも振る舞うなど気前のいい性格が多い。山田さんも「けち」な印象とはほど遠い。

ささやかな朝食が終わると昨夜は言わなかった事実を話し出した。以前ヤミ金業者に押し入られたことがあるというのだ。

「ヤミ金業者が家に上がりこんで押入れにあった通帳と印鑑をみんな持っていってしまった。箱ごとね。財布の中身もみんな持っていった」

警察に訴えたら、通帳だけ後で郵送してきた。だが金は返ってこなかった。

「警察は『借りるあんたも悪い』と言うんです。そうかもしれませんね。でも懲りずにまた借りているんだからね。まったくいやになっちゃう」

どう考えても窃盗か強盗に近い犯罪だが、たいしたことでもないようにつぶやく。

「どうせ私は一生借金から逃れられないんですよ」

あきらめたように言う山田さんを励まして、関東地方にあるクレサラ被連協加盟の被害者の会に連れて行くことにする。痛い足をひきずってバス停まで約一キロの道のりを歩き、駅の階段を手すりにすがって上り下りし、若者でにぎわう町をひたすら懸命に歩いて、ようやく千葉県船橋市にある被害者の会「菜の花の会」にたどり着いた。

事情を聞いた事務局のS司法書士は、ヤミ金各社に電話をして違法な請求を止めさせることにした。まずA社。

A社　どちらさんですか？

――菜の花の会ですが

A社　電話番号どうぞ

――……

A社　菜の花の会？　ここにかければあなた出ますか？

（いったん切れて折り返しかかってくる）

――元本はらっていますのでやめてほしい。登録してないでしょう

A社　ええ、準備中ですね

――無登録の業者は多いんですよ。懲役三年の罰則（当時）もある

A社　ええつかまったら

――山田さんは高齢で、しかもちょこちょこ払っているでしょう。手を引いてほしい

A社　和解ってことでいいですよ。電話入れませんから一本も

あっけなく解決した。次はB社である。

――B社さんですか

B社　……うちは貸金業じゃない（切）

今度は山田さん自身で電話をかけてみる。

山田　払えない……打ち切ってほしい

B社　打ち切る？　そりゃできへんやろ！

受話器を持った手が激しく震え出す。山田さんの症状は、精神的に緊張が高まると手が震えるのだ。見かねた菜の花の会のS司法書士が交替する。

――菜の花の会ですが

B社　良心があれば一円のお金だって、集金にいっているわけですからお金をかけて。違法性があればそういうところに行けばいいだろう

開き直ったようにB社の男はわめき続け、らちがあかない。

続いてC社。

――貸金業者のC社ですか？

C社　どちらさんですか
――菜の花の会ですが。返しているのに請求がとまらない。山田さん知りませんか
C社　C社？

――貸金業やっていない？

C社　やっていません。いやおばあちゃんとか知りません。貸金業とかいわれても僕分からないんですが
「宅配ヤミ金」のD社もシラを切った。

――そちらDさん？

D社　は？　ちょっとわかんないですね。違いますよ

明らかに声は動揺している。間違い電話なら即座にきっぱりと答えるはずだ。S司法書士は電話番号を確認することにした。

——090—〇〇〇〇—〇〇〇〇ですよね

D社　……そうですね。たぶん……分かんないな。明日にならないと分からないね

どうにかヤミ金五社にすべて電話をかけ終わり、被害者の会を後にした時にはもう日が暮れていた。「ちょっとほっとしました。ほっとしたけどわかんない」と、帰途を急ぎながら山田さんはかすれた声で話す。表情はいくぶん落ち着いたようだ。

午後一〇時、山田さんは疲れた足取りで帰宅した。私も昨夜に引き続き同行する。静まり返った市営住宅の廊下を歩き、ドアの前に立った時だった。山田さんの表情がこわばった。玄関のドアに紙切れがはさまれているではないか。彼女は無言のまま鍵を開けて部屋に入り、そのまま明かりもつけずにカーテン越しに外をうかがった。誰かいるのかいないのか、真っ暗では判別がつかない。

紙切れは、つい先ほど「ちょっとわかんないですね。違いますよ」としらばっくれていたヤミ金業者D社からだった。

「大至急電話しなさい。今日中、夜中でもいいので。連絡がないと借金のことなど役所へ電話しますよ。役所からのお金は出なくなりますよ。必ず連絡すること！」

二〇×一五センチほどの紙片に、ボールペンで強く書かれた不器用で大きな字が踊っている。読みながら山田さんの手が震え出した。

「（ヤミ金から借りていることが役所にばれたら）生活保護を切られたりする。D社の男は『役所に知っている人いっぱいいる』と言っていた」

震える声で山田さんが言う。夕食の即席うどんをすする。少し落ち着いた。意を決してD社に電話をかけることにした。

山田　もしもし。こんばんは
D社　どしたの
山田　お金がなくて払えなくなったんです
D社　どこへ相談に行ったんだよ
山田　弁護士会……（実際には被害者の会だが、とっさのことでほかに言葉が出てこなかった）
D社　どうしてそんなとこ行くんだよ

山田　……
D社　午後八時まで待っていたんだけど、いまは別のとこにいる……どうすんだよ。明日だめだったら、お金（保護費）下りるときにして、（貸して）やろうと思ってたんだけど。みんな怒っちゃったんだよ
山田　ね……
D社「ね」じゃないよ。このままじゃ俺が弁償しなきゃいけない。だからさ今度（保護費支給日）、三万円耳そろえて返してくれよ
山田　そう……
D社　おれ立て替えておくから。明日。おれだって困る
山田　は、は、払えないかもしれないよ

山田さんは震えながらやっとの思いで言った。相手の返答に一瞬の間があった。

D社　どういうこと？
山田　い、い、いま……は払えない
D社　いまの話じゃない〇日（保護費支給日）の話。だから借用書書いてくれよ
山田　手が悪いから……書けない

D社　全面的に信用して借用書もとらずに、それはないでしょ
山田　あんな「役所」なんて
D社　本気だよ
山田　きつく怒るもの
D社　当然でしょう。怒ったうえで○日にしてあげようと考えていたんだから。腹立って言ったけど、きちんと話をしようと行ったんだから。一時間くらい家のそばにいたよ。明日借用書書いてくれよ。
山田　書けないかも……

「払えないかも」「書けないかも」というのが山田さんには精一杯の抵抗だった。そのことをさっそく被害者の会に報告した。S司法書士は、支払いを拒否しようとしている山田さんの態度をほめ、激励した。

「何かあったら連絡して。金は払わないときっぱり言って、はねのけて」

「はい、分かりました」

山田さんの表情に少し自信のようなものが見え始めた。その後、D社には被害者の会から改めて抗議、その後二度と連絡がくることはなかった。だが、ほかのヤミ金からは、この日を境にいやがらせが始まった。

「死ね、死ね……」

一一月下旬

ヤミ金からの取り立ては終息したかに見えた。だが、電話は鳴りやむことはなく、より悪質になっていった。匿名で脅迫電話がきはじめたのだ。ひとり暮らしの高齢の女性に対して、夜中に突如かかってきた電話。男が不気味にささやく。

男　死ね、死ね、死ね、死ね
男　もしもし
山田　はい
男　もしもし
山田　はい……
男　殺す！

「いつ死んでもいいと思うが、ああいう人に殺されるのはいやだね。病気で死ぬのはいいけど。みんなに迷惑かけちゃうからね……」

山田さんは自嘲気味に言う。そして、終息したかに見えた取り立てが再び始まった。

W社　W社です。お金できました？

山田　できない

W社　困るんですよ。いまいくらあるの？

山田　一銭もない

W社　どうやって生活してんの。借りたものは返してもらわないと困るんだ

山田　……

W社　いまどこにいるんだ

山田　うちにいます

W社　うちにいますじゃないだろ。お金いれますだろ！　だいたいあんた〇日に生活保護入るんだろ、全部入れろよこっちによ、なあ。生活保護なあ役所から出ているんだろ。電話して差し押さえするよ。あんた生活していけないだろ、うちもそこまで鬼になりたくなからね。でも鬼になるしかないよ……

W社が山田さんに貸し付けた元本は一万円。それに対して山田さんはすでに二万円を返済している。それにもかかわらず五万円を払えという。山田さんの手元にはもはや一〇〇〇円あまり。生活保護費の支給日までまだ数日残っている。金がなく、取り立てに困っているのを見透かしたかのように融資勧誘の電話が鳴る。

S社　ご融資のご案内ですが……いかがな状態ですかね？
山田　いまはいいです……
S社　いい？　本当ですか？　じゃなおさら、説明だけでも
山田　いいです
S社　いいですか？　死にそうですか？

男は侮蔑の言葉をあびせかけて電話を切った。声の印象からすると、S社の男は、山田さんの孫ほどの若さだろう。間髪をいれずまた勧誘の電話だ。

「山田さんですか。ご融資の件でお電話さしあげているんですよ。いまお困りになっていますよね。お使いになっているの何軒ですか？　山田さんの問題ですよ。一気にまとめますよ」

「きっぱりとはねつけて警察に連絡してください」

被害者の会から言われた言葉を山田さんは思い出し、半信半疑で警察に電話をかけ、事情を伝えておいた。

ヤミ金を撃退した

一一月二九日

「払え、払え」「借りろ、借りろ」

執拗な取り立てと脅しと勧誘が今日も襲ってくる。保護費の支給日まであと三日。残金はわずか三五九円である。かろうじて役所へ片道の電車賃のみは確保した。米は知人が差し入れたものがまだ残っている。

夜になって、W社がまた電話をかけてきた。

W社　金できた？
山田　できない。払えない
W社　友達は？　友達に頼んでみた？
山田　できない
W社　だってあんた病気なんでしょ。病気になった友達見捨てないでしょ。友達に借りろ。約束するか？
山田　できない
W社　困るんだよ‼（別の男に代わる）だいたいあんた金はいるんだろ。生活保護受けてるんだろ！　全部入れろよこっちによなあ！　あんた、毎回毎回おんなじことやってどうすんだよ。金はちゃんと返せよ、いつまで待ちゃいいんだよ？　ご飯食べてるでしょ。そんな金あるんだったらこっちに返してよ。親戚は？

山田　病気で入院している

W社　ということは入院費あるということじゃない。ちゃんと借りて返してもらわないとだめなんだよ。

なぶり殺しのような陰湿さで迫る。

W社　明日どうすんだよ、いつ金返すんだよお！　おばあちゃん、金返してくれよ。生活保護なあ、役所から出ているんだろ、電話して差し押さえするよ、毎回。あんた生活していけないだろ。うちもそこまで鬼になりたくないからね。でもこのままいくと鬼になるしかないよ、あんた役所まで行ってね、毎回毎回生活保護ね、うちのほうにね、おばあちゃん聞いている？　あなた聞こえてんの。こっちはあげてるんじゃない、金はちゃんと返せよ、ご飯食べる金あるんだったら返せよ。そのお金でこっちも食べてるんだ！

突然、妙な出来事が起きた。電話の声が一瞬途切れた。背後で「山田？　山田は弁護士に……」という声が聞こえる。しばらくして、先ほどまで脅していた男とは違う声が電話口に出た。

「山田さん？　金いいから、間違えた」

不可解な言葉を残して電話は切れた。山田さんが被害者の会や警察に相談していることに気づいて取り立てを中止したのだろうか。山田さんはしばらくあっけに取られたまま言葉を失ってしまった。とにかく、ヤミ金を自力で撃退したことに違いはない。表情が一気に明るくなった。

山田さんはしみじみと言う。

「ぎゃあぎゃあ返してくれと言われて……それで借りちゃったからいけないのよね。気が弱いから負けちゃうのよね。でもこれではだめだと思う。こんなことしたらみんなに迷惑がかかる」

ヤミ金から借りずに一〇日間しのいだのは初めてだった、とも告白した。

「どうしても断りきれない。それがいけないんだと初めてわかりました。脅してきても、ないものは払えない。そう決めた」

質素でいいからお金の心配をしない暮らしがしたいと、繰り返す。

「勇気が出た?」と尋ねると、山田さんははにかんで答えた。

「少しはね」

その後、山田さんのもとには数度の脅迫電話がかかったものの、ヤミ金からの攻撃はやんだ。山田さんは脅迫電話を録音して改めて警察に相談した。ただ、いまだに役所には相談できないという。

役所に言うと保護給付金を止められそうだというのだ。理屈ではあり得ない話である。しかし、政府の方針として生活保護給付金の切り詰めにやっきになっているだけに、ヤミ金であろうと「借金」と名がつけば、行政も目くじらを立ててしまうのが実態だ。

山田さんが住む自治体の生活保護課では、ヤミ金とサラ金の違いすらよく理解できていなかった。さらに、保護費受給者の中にヤミ金による被害者が多数潜在する可能性があり、そのことを役所に相談しにくいという問題を指摘しても、「双方（役所と受給者）の信頼関係しかない」と言うのみ。被害防止を呼びかけるようなことは一切しない、ときわめて官僚的に答えた。

ヤミ金・サラ金によって財産や生活の場・手段を奪われ、生活保護を受けて暮らす人は増えている。一方で、ヤミ金はこうした破産者を狙い打ちにしている。生活保護者がヤミ金の被害に遭わないよう手立てを打つことは、つまり、税金をみすみす犯罪者集団に収奪されないということでもある。ヤミ金の被害に遭わないよう、被害に遭ったらただちに行政に連絡するよう呼びかけるくらい、お役人の仕事としてはたやすいことではないのか。

二〇〇三年六月現在、全国の自治体でヤミ金の総合相談窓口を設けているのは長野県くらいしかない。東京都では、都知事の貸金業登録をとった、いわゆる「都①《トイチ》」看板を掲げたヤミ金が大量にはびこっており、むしろ役所がヤミ金の宣伝に利用されている。「主権者」たる市民が悪徳業者の歯牙にかかっていくのを、税金で運営されている大方の「お役所」は、いつまで傍観しているつもりなのか。

Ⅲ章　サラ金残酷物語

離婚、家庭崩壊、失踪、失業、自殺……罪もない人たちを悲惨な状態に追いやるヤミ金を壊滅するには、警察と行政が厳しく取り締まり、暴力団を核とする犯罪者集団の資金源を断つ以外に道はない。だが、本当の意味でヤミ金の被害をなくすにはこれだけでは不十分だ。ヤミ金のわなに陥る人のほぼ全員が共通したある問題を抱えており、それを解決しない限りは金を借りたくなる心理から抜け出すことは難しい。共通する問題とは、消費者金融――サラ金だ。サラ金の「支払い」に追いつめられて多重債務となり、苦しさのあまり怪しげなダイレクトメールの誘いにだまされるというのがヤミ金被害の典型である。

サラ金の金利は利息制限法（一〇万円未満＝年二〇％、一〇万円以上一〇〇万円未満＝一八％、一〇〇万円以上＝一五％、罰則なし）を超えた〝違法金利〟である。違法だから民事的にはこれを超えた金利は無効になる。

しかし、利息制限法には罰則がない。罰則がないのをよいことにサラ金業界はこぞって違反している。この利息制限法違反という違法性にサラ金の最大かつ唯一の特徴があるといえよう。出資法上限金利（年二九・二％、三年以下の懲役または三〇〇万円以下の罰金＝改正前）は守っているから刑事罰は課せられない。出資法を超えるとヤミ金の範疇に入る。

サラ金で金を借りる人の大半はこの金利のからくりを知らない。知っていればまず借りないだろうし、払わなくていい余分な金利を払う気にもならないはずだ。現在のサラ金の金利は低くても二五％、最高で二九・二％に上る。預金金利が〇・〇〇…一と限りなくゼロに近い時代に年間三割近い金利がどういうものか考えてほしい。普通のサラリーマンや「中産階級」であっても、いやもっと端的に言えばサラ金で借りたいと思う経済状態の人なら、まず家計を圧迫せずにはいられない高金利である。多重債務に陥る危険がきわめて高い。

読者の中にサラ金で借りて困っている人がいるなら、いますぐ次の試みをお勧めする。信頼できる被害者の会や弁護士・司法書士が身近にいればアドバイスを受けることが望ましい。

・簡易裁判所に特定調停を申し立てる
・債権者（サラ金）に取引経過（計算書）の開示を求める
・利息制限法での債務計算を行う

開示された計算書をもとに、利息制限法で金利計算を行えば借金は必ず減る。長年金を払ってきた場合ならお金が返ってくることだって珍しくない。いんちきでもなんでもない、正当な金利に引き直せばこうなるのである。引け目を感じることはない。不当に高い金利を取っていたサラ金と対等に交渉を行い、正当な金利を要求しているにすぎない。

私がこれまでに取材してきた多重債務者のほとんどはこうしたからくりを知らないで、まじめに業者の言いなりに金を払い続けていた人たちばかりだ。払っても払っても元本はいっこうに減らず、むしろ次第に借り入れ業者が増えていく。安定した収入があっても、なぜか苦しい。そんなケースばかりである。

困った債務者に対して、調停を申し立てることを勧めたり、「利息制限法の金利で結構ですよ」と、金利のことを教えるようなサラ金業者はまずいない。それどころか法的にまったく支払い義務のない親や家族から債権を回収することだってある。払わなくていい金をわざわざすき好んでサラ金に払う人がはたしてどのくらいいるのか分からないが、ある大手サラ金会社は、家族が支払った金についてこう説明してはばからない。

「任意に払っていただきました」

一方で、どう考えても払えそうにない人に五〇万円、一〇〇万円と貸し付ける。三〇％近い高金利に、やがて行きづまる。「借金は必ず減る」方法を知らなければ、自然の法則のようにどんどん債務はふくらみ、多重債務に陥る。支払いにあえぐ債務者をヤミ金が口を開けて待っている。ヤミ金の入り口はサラ金だと言っても過言ではない。テレビでＣＭを垂れ流しているサラ金こと「消費者金融」は、とても消費者の味方をしているとは言いがたい危険をはらんだ商品なのだ。

1 「借りては返す」の二〇年――返済はとっくに終わっていた？

払っても払っても

西日本の町で生活保護を頼りに細々と暮らす花江（五〇歳代）が、はじめてサラ金で借り入れたのは、かれこれ二〇年前にさかのぼる。働きづめに働いて、まじめにサラ金の支払いをしてきた挙句に糖尿病で倒れてしまった。

「何でサラ金に借りたかって？　やっぱり生活費。大変やったです。別れた夫が働いてくれんかった。私の給料で生活していたんです。夫は金を浪費するばかりということでもないけど、パチンコやボートにも行っていましたね」

最初は一〇万円を借りて毎月一万円ずつ払った。収入は月に三〇万円以上あり、それほど負担には感じなかったようだ。

「借りんと生活できないと思っていました。金利が高いとか安いとかは分からんかった。そのうち一〇万円がまた増えていって。そのうち払っていたら車を買うとかで頭金にと、また借りて……」

一〇万円で始まったサラ金からの借り入れは、どんどん増えた。まじめに払っているのになぜか債務は減らず、新たな借り入れを繰り返して支払いにあてるという悪循環に陥った。四、五年後には五〇万円の限度額いっぱいとなり、サラ金の「残債務」は、三一〇万円（利息制限法に超えた金利に基づくサラ金側の請求額）に達した。武富士、シンキ、ディックファイナンス（現CFJ）、アイク（同）、レタス、アイフル。ディックは一〇〇万円を貸してくれた。月の支払いは一〇万円にのぼり生活を圧迫した。

「夫に生活費一五万円を渡していたから、残り一五万円で支払いして生活するのはえらかった（大変だった）。だから、借りては生活していたんです」

地獄のような自転車操業が始まった。

月々支払われた金は、一部を金利、残りが元本返済にとサラ金側が振り分けて処理をする。元本の返済が進むと限度額に余裕が出る。これを一般的に「枠があく」と呼ぶ。たとえば限度額五〇万円の人が五〇万円を借りて数ヵ月の返済をすると、領収書にある残債務の金額が四九万円とか四八万円に減る。すると、残りの返済が終わらなくても一万円、二万円と借り増しができる。ATMではカードで出入金をするため、あたかも自分の口座から金を引き出すような錯覚に陥る。これを続けていけばいつまでたっても返済は終わらない。

「枠があきましたから借りられますよ。だから窓口に来てください。〇〇万円まで出ますよ」という電話がかかり、窓口に行けば「借りられますよ」としつこく勧誘されたという。

「いらないと言ってはみても、やっぱりほしいから借りて。まるで自分が貯金しているかのような気分なんです。カードを持ってATMに行けば下ろせるからね。金銭感覚が麻痺していました」

サラ金から借りていることは夫には内緒だった。各社ともそのことは承知していたという。したがって花江にとって支払いが滞ることは、サラ金の督促が自宅に来る——夫にバレるという恐怖に直結した。実際、花江は二〇年間、遅れることなく支払いをしている。支払った際の領収書は捨ててきた。ATMコーナーにはシュレッダーが置いてあったという。

実は、領収書を捨てるということは、サラ金にとって大変都合がいい。債務者にしてみたら利息の払いすぎを証明する決定的な証拠であり、絶対に捨ててはならないものなのだ。

「……人をだましたらいかん思って、遅れてはいませんでした、一日も。自分で借りたから自分でしまい(始末)せないかんと思って。遅れたらどうなるかは人から聞いているじゃないですか、家に取り立てに来るとか、来られるのは恐かった。恐いと聞いていたんです」

夫や妻、家族に「内緒」で借りる、貸す。バレるのを恐れて、請求通りに懸命に払う。無担保・無保証のサラ金にしてみれば「内緒」が最大の担保だともいえる。

花江は温厚で人をだますことに耐えられない誠実な性格である。「借りたものは返さないといけない」と思って懸命に働いた。本当は「返さないといけない」のは、ほかならぬサラ金側だったことが後に分かるのだが、そんなことはつゆ知らず働いて支払いを続けた。

仕事は病院の付添婦である。病室に二四時間泊りこんで患者の面倒をみる。患者が眠っているときに仮眠をとる。夜が明けると次の日も続けて働く。盆も正月もない。休日は年に二〇日くらい。患者が亡くなったり退院したときに、つかの間の休みを取るだけだ。

「皆に言われましたよ。『よう続くね』と。でも働かんと借金が払えんから、生活できんし。自分の身を殺して。借金なかったらそこまでは働かない。自分でもよく持ったなと感心しています。借金がなかったらどんなにいいやろと毎日思いましたよ。払っているんだからいずれは終わるんだろうなと信じて」

だが、そんな期待とは裏腹に、サラ金側の請求によると残債務はほとんど減っていなかった。

無理を続けた当然の結果だろう。とうとうある日、花江は体を壊してしまった。

「背中におできが出来て四〇度の熱が出たんです。病院に行ったら傷がうんでいて『これは糖尿病独特の症状です』と言われ即入院となって。病院代と借金の支払いと、どうしようかと追いつめられた気持ちで三日三晩眠れなかったんです」

何か心配ごとでもあるんですか——様子がおかしいことに気づいた医師に尋ねられ、花江はこう訴えた。

「借金がある。病院代も払えないから退院させてください」

花江の憂いに満ちた顔を見て医師は言った。

「そんな体で退院するわけにはいかない。病院代は役所の福祉制度でなんとかなるから心配しなくていいですよ」

皮肉にも、花江には「糖尿病」がサラ金地獄の本当の苦しさを思い知り、かつ脱出するきっかけとなった。

「毎日泣いていました」

入院は一ヵ月におよんだ。もう以前のようには働けない体になっていた。生活保護の手続きが取られ、治療費と住居費はなんとか解決した。だが、サラ金の問題は未解決のままである。どうやって解決したらいいのか花江には分からない。ただ言いなりに払うことしか頭になかったとしても無理はないだろう。

病み上がりの体を押して、花江は役所に内緒で仕事を始めた。生活保護を受給している以上、収入があればその分を返金しないといけない。ばれないように隠れて働き、二、三ヵ月分のサラ金の支払いにあてた。

「もう鬼みたいな気持ちやった。人をだますなんて。だますのができない性格なんです。いつかはバレるんじゃないかとびくびくして。毎日泣いていました、悔しくて。こんな病気になっても何でこんなにまでしなきゃいけないのかと……。しんどかった。医者に泣きつきました。『助けてください』と。ふらっと倒れそうになったこともあります。入退院の繰り返しでした」

働くためにインシュリンから投薬に切り替えてもらった。すると副作用で肝臓の調子が悪化、医師はインシュリン治療の必要性を説いた。治療方法を変えると働けなくなる。借金が返せない――。花江は絶望した。自殺を覚悟した。

高松市にある被害者の会「高松あすなろの会」の存在を人づてに聞きつけ、たどり着いたのは一縷の望みを捨てていなかったからだろう。

事情を聞いた相談員は直感的に「過払いがある」と判断した。ざっと一〇〇万円くらいにはなりそうだった。

債務者は利息制限法を超えた余分な金利を払っている。その余分に払った金を弾き出す計算、いわゆる「引き直し計算」こそが、サラ金のもっともいやがる作業である。サラ金を商店にたとえれば、一〇〇円の商品に二〇〇円の値札をつけて販売しているに等しい。サラ金の要求どおり、必要以上に高い金利をまじめに支払いを続けた場合なら七年から八年で債務がゼロ以下、つまりサラ金側の方に返金義務のある状態に陥るといわれる。

ただちに、債務専門の調停である「特定調停」を裁判所に申し立てた。利息制限法で金利を計算した上で支払い方法を話し合うためである。二九・二%という利息制限法違反で出資法ぎりぎりの高利を取ろうとするサラ金相手に、対等に交渉する手段としては資金のない債務者には役立つ制度といえる。

利息制限法での金利「引き直し計算」に必要なのものは、「事実」である。取り引き経過の記録が分かればよい。花江は支払いの領収書をすべて捨てており、記憶に頼るしかなかった。正確な記録はサラ金会社に残されている「計算書」などと呼ばれる書類を、サラ金が裁判所に出してくればよい。

花江は調停を申し立てた。どの業者もなかなか計算書を出そうとしなかった。かろうじて提出に応じたところでも、取引の最初からではなく一部分しか出さなかったり、ディックファイナンス（CFJ）のように、明らかに内容に手を加えた疑いのある不審な計算書を出すところも複数あった。「あすなろの会」が詳細に検討したところ、同社の場合、数十万円程度の過払い金が確実視されており、あたかも債務が残っているように計算書をごまかしていることは明らかだった。

この「計算書改ざん疑惑」をめぐっては、昨年末にはアコムが計算書の改ざんにより、過払い隠しなど一億円近い不当利得の隠蔽工作を行っていたことを発表した。また今年六月には、ディックファイナンス、ユニマットトレディス、アイクが合併した、米国シティバンク系のCFJ（シティファイナンスジャパン）が、債務の水増しや顧客名簿の不正販売などで八〇人あまりを内部処分した。業界のうさん臭さをうかがわせる事件である。

花江がサラ金から取り返せる金があったのは間違いない。だが残念ながら、調停はサラ金業者の抵抗により不調に終わり、「一日も早く楽になりたい」という思いもあって自己破産を選択した。破産といっても、サラ金側にしてみれば、元本以上の利息を回収しており、損をしているとは考えにくい。

過払い金こそ取り返せなかったものの、もう払わなくていいと知り、花江は長年の重荷が肩から下りたような気持になったという。

「支払いに困っているときに貸してくれると、そのサラ金業者が『やさしいところや』と思ったものです。仏さんか神さんのように。私にとっては。それにまじめに払っていればいつかは終わると思うていました。最後は死ぬ思いでした。もうぜったい借りない。借りたら地獄です」

いまでは友達に「金がないときは我慢しなさい」と忠告している。

「金がないほうが楽です。借金があるほうが地獄です。みんな借りないほうがいい。あんなローン会社なんてなくなったらいいと思う。あるからみんな借りるんです。私は後悔しています。借りる人間も悪いけれど貸す人間も悪い。ローン会社なんてやめてくださいと言いたいくらいです」

花江はきっぱりと言った。

2　証言・サラ金の〝過剰融資〟
——返済能力がない青年に繰り返し貸し付け

借金漬けの構図

経済的に余裕のない人に年利三〇％近い金利で金を貸すと、いずれ払えなくなるのは自明の理である。貸金業規制法や金融庁事務ガイドラインでは、貸付額は年収の一〇％以内か五〇万円が目安だ。だが現実にはこれに抵触するような過剰融資が多く行われている。当然払えなくなるから債権回収に無理が生じる。集金をめぐるトラブルや支払い義務のない身内が払う（多くは支払い義務のないことを十分知らないまま）ことにつながる。

債務者に対して「借りたものは返せ」「借りた者が悪い」と、債権者をはじめ多くの人は言う。だが返せそうもない人に金をじゃぶじゃぶ貸して借金漬けにする行為にも大きな問題があるのではないだろうか。貸金業団体のひとつＪＣＦＡ（日本消費者金融協会）が行っている金銭カウンセリングサービスによると、相談者の三割超が「返済のための借り入れ」で苦しくなったという。つまりサラ金のはしご状態、自転車操業に陥っていることを意味する。

そもそも、払えそうもない人にどうして貸すのだろう。もちろん答えはひとつ。もうかるからにほかならない。大手サラ金会社が銀行や生保から調達する資金の平均金利はおよそ二%。これを二七%とか二九%で貸しているのである。焦げつきのリスクを考えても利ざやは小さくない。

南日本地方で暮らす孝雄(二〇代後半)と母・由美子がサラ金から受けた仕打ちは、過剰融資の〝罪〟を考える上で実に象徴的だ。孝雄は神経性の難病を持っており、現在、少し働いては療養するという生活を続けている。定時制高校に通いながら働いていた未成年の時に、遊ぶ金ほしさに借りたのがきっかけでサラ金漬けに陥った。ある大手サラ金は、母親に対して露骨に代位弁済を求めた。「子どものためなら」と親は払ってしまった。やっと片づけたと思ったら、このサラ金は、その後も繰り返し貸し続けた。借金地獄から抜け出そうとする先から足を引っ張るかのような〝簡単融資〟。「借りた息子も悪いが、貸すほうも悪い。許せない」と由美子は憤りを込める。

未成年に融資

孝雄がはじめてサラ金から借金したのは一九九四年のとき、定時制高校に通っているときだった。昼間は仕事に就いており年収は一〇〇万円あまり。ときおり仕送りももらっていた。借りた金は「遊びや生活費」に消えてしまった。

息子の借金に母親の由美子が気づいたのは、借りはじめてからすでに二年あまりが過ぎた一九九七年のはじめ、成人式を迎えるころだった。実はこの年の冬、孝雄は突如体に変調をきたし病院で精密検査を受けていた。なかなか原因がわからずいくつもの病院を回った結果、ようやく出た診断は神経性の難病。しかも重症だった。急きょ入院して手術を受けることになったのである。

自宅に不審な電話がかかりはじめたのも、ちょうど孝雄の入院と同じころだった。

「孝雄さんいますか？」

――いませんが

「何時ごろお帰りになりますか？」

――どちら様ですか

由美子がたずねると電話は切れた。

「サラ金で借りているの？」

いやな予感がした由美子が入院中の息子をただすと、孝雄はしぶしぶ〝白状〟した。A社が二四万円、B社五〇万円、C社七万円（サラ金側の請求金額で、利息制限法で計算すればかなり少なくなる）――大手・中堅サラ金の名前がずらずらと出てくるではないか。生来、大の借金嫌いである由美子は仰天し、ひとつずつ電話をかけることにした。

まずA社。

――息子がお宅から借りているのですが、病気になって手術を控えているんです。待ってもらえませんか。

Ａ社はこう答えた。

「あとで相談に乗りますから借りたお店に連絡してみてください」

ほかの会社も似たり寄ったりの受け答えだった。

念のためつけ加えておくと、「相談に乗る」と説明したサラ金会社のうち、利息制限法での金利計算をすれば債務が減る（場合によれば過払い金を返すこともあり得る）ことや、調停・破産という法的解決手段があることを教えてくれたところはない。

それでも、Ｂ社に対して感じた不愉快さに比べたらまだほかの会社は比較的「親切」だったという。由美子はＢ社とのやりとりをよく記憶している。

――いま息子は病院に入院しています。近く手術を予定しています。将来働けるかどうかもわからない……

Ｂ社に電話をかけて用件を伝えると女性店員から男性店員に代わった。

「借りたものは返すのが当たり前でしょう。あなた親でしょ。親なら払うのが本当でしょう」

男は強気に言ってきた。由美子は驚いて反論した。
――なぜ未成年に貸したのですか。なぜ親に相談しないで何十万円も貸したのですか
「『貸してくれ』と言ってきたのはお宅の息子だろ」
――いま入院しているので払えません
「ウチは病院でもどこでも請求に行きますよ」

由美子は驚きを通り越して恐怖心を覚えた。なにより入院中の孝雄のことが気がかりだ。容態は急速に悪化しており、呼吸困難すら起こしていたのである。医師からは「ストレスが一番悪い」と言われていた。

「本当に病院に来られたら大変だ。ともかく息子を安心させておかなければ」

手術を二週間後に控えたある日、由美子はとうとう孝雄の負債をすべて代位弁済した。総額八〇万円あまりを、決して楽ではない家計から捻出して支払った。

「サラ金会社に電話をかけるまでは『息子が借りて払わない。申し訳ない』という気持ちだったんです。でもB社とやりとりをした後は怒りでいっぱいになった」

由美子はそう話す。


孝雄の負債は親の代位弁済によって解消した。だが、ものの一年もたたないうちに再びサラ金

から借金を重ねることになった。素行の悪い知人に無理強いされて「金を借りさせられた」のだという。孝雄によると顛末はこうだ。

代位弁済を繰り返し

代位弁済からほぼ一年が経とうとしていた一九九八年の春、入院中の孝雄に対し『名義貸し』で金を作ってほしい」と知人のQが言い寄ってきた。Qと孝雄は、いわばいじめっ子といじめられっ子に近い主従関係にある。孝雄は病院を連れ出され、Qの車でサラ金の支店数ヵ所を連れ回された。母が代位弁済したサラ金A、B、Cの三社にも行った。

「どうせ行っても借りることはできないと思っていた」と孝雄は振り返る。

案の定、三社のうちA社とC社では「代位弁済されていますね。融資できません」などと断られた。だが、由美子が悪印象を受けたB社だけは再び貸した。孝雄が店頭にひとりで入り、Qが指示した通り申込書に適当に所得などを書き込んで渡すと「最高で四〇万円までお貸しできます」と店員は答え、現金で四〇万円を出した。金や契約書、カードの類はすぐにQに渡したという。同様に、初めて行くサラ金二社も訪れ、それぞれ三〇万円ほどを借りてQに渡した。金はQが払っていくという約束だった。

いまわしいサラ金のことなどとうに忘れかけた由美子が、再び息子が金を借りていることに気づいたのは一年ほど過ぎた一九九八年の暮れごろのことだ。Qの返済が次第に滞りがちになり、その結果、督促のハガキや電話が由美子の自宅に来るようになった。自宅ばかりか実家の母のところにも電話がかかってきた。孝雄は入退院を繰り返しており、とても定職につけるような状態ではない。そんな人物になぜ金を貸すのか、しかも扶養家族である。保険証を見れば収入がないことは一目瞭然だ。由美子は腹立たしさを覚えてサラ金会社に片端から電話をかけた。

「Qが名義貸しで借りたんですよ。Qに請求してください。本人は難病で入院しているんです。借りた当時も入院中だったんです」

由美子の抗議に大手のサラ金会社の担当者は「ああ、そうですか」と言う以外言葉が出なかった。だが別の会社は「お母さん、どうにかできないんですか。助けてくれる兄弟はいないんですか」と暗に代位弁済を求めてきた。問題のB社である。「なぜ貸したのか」と抗議すると「お宅の息子が借りに来たんでしょ」とうそぶいた。由美子は怒りのあまり思わず声を荒げ、事情を説明してQのところへ請求するよう繰り返し訴えた。Q本人に対しても支払いを求めた。その後、Qのところへ集金に行った会社もあったようだ。しばらくしてQは支払いをすべて終え、ようやく請求はやんだ。二〇〇一年の秋、ざっと二年半の「取り引き」だった。

未成年に貸しつけた挙句の代位弁済に続いて、明らかな名義貸し。いくら本人が借りようとしても、もう絶対に無理だろう。由美子や孝雄周辺の誰もそう信じて疑わなかった、その矢先である。またもや三度目の「ご融資」が行われた。またB社だ。B社が新たに五〇万円。その一〇日後には三〇万円の追加融資をしており計八〇万円。E社も五〇万円を貸した。F社は一〇万円。あわせて六〇万円。合計すると一四〇万円に上った。孝雄は体調も次第に回復しており、就職が決まったばかりだった。だが、一四〇万円もの負債を完済できるわけがない。払っても払っても「残元金」はいっこうに減らず、とうとうまたしても母親に泣きつくはめになった。由美子は、直後にサラ金から一〇〇万円を借りて二度目の代位弁済をした。もう心身ともに疲れきっていた。「死にたい」と思うようになっていた。

「借りろ借りろ」としつこく勧誘して借金地獄に引きずり込む方法は、ヤミ金もサラ金も本質的に変わりがない。

あきれたことに由美子が二度目の代位弁済をした、そのわずか一ヵ月あまり後に、B社は二〇万円の融資を行っている。「孝雄が借りるのが悪い」という議論はこの際、ひとまず置いておきたい。所得状況をはじめ度重なる代位弁済をしていることから考えて支払い能力がないことは歴然としている。にもかかわらず、貸しまくっているという事実はぬぐいようがない。

孝雄によると、このときの融資はB社の方から勧誘されたという。最初は二〇万円、その後六〇万円が追加融資された。「いらない」と一時三〇万円を返済したこともあるが、結局「限度額」いっぱいの八〇万円を借りてしまっていた。仕事に慣れたばかりだったが、支払いが追いつかなくなり、転職して稼ぎの少しでもいい仕事に移った。昼も夜も働きづめに働き無理を続けた結果、かねてからの不安が的中した。難病の症状が再発し、悪化したのだ。

絶望的な気持ちでいるところに、偶然ある弁護士が支援の手を差しのべた。現在、この弁護士が代理人となり、支払い義務のない母親が不当に払った金銭を取り返すことも含めて検討している。仮にこのまま脱出方法を見つけることが出来なければ、ひょっとしたらヤミ金の手に落ちていた可能性も十分に考えられる。

いま孝雄の症状は少し落ち着き、毎日大量の薬を飲みながら療養している。ようやく静かな暮らしを取り戻した由美子は訴える。

「もちろん借りた本人が一番悪いと思います。最初はサラ金会社に申し訳ないという気持ちでした。でもいくら何でもこんな無茶苦茶な貸し方はないんじゃないでしょうか。借りてくださいとか、友だち紹介してくださいとか、勧誘もしつこかったようです。こんなやり方だけは許せません」

3　不動産担保融資に注意——土地・建物狙い多額貸し付け

サラ金広告の「不動産担保融資」という言葉を目にしたことがあるだろうか。電車内や新聞・雑誌、テレビCMなどで最近よく見かけるようになった言葉である。もともと「サラ金」とは、おもに無担保・無保証で、利息制限法を超えた金利を取る貸金業を指す呼び名である。無担保・無保証の融資額はせいぜい五〇万円か、最高で一〇〇万円。しかも当然のことながら貸し倒れの危険が伴う。そこで考え出された〝商品〟が不動産担保融資である。無担保・無保証よりは若干安い金利を売り言葉に三〇〇万円とか五〇〇万円といった多額を貸し付ける。だが、いくら「金利が安い」といったところで利息制限法をはるかに超えていることに変わりはない。しかも支払いが遅れるとたちまち二九・二％の遅延損害金を請求される。

この不動産担保融資に疑問の声が上がっている。家や土地を奪い取るのが狙いだとしか思えないケースが頻発しているという。払えないのを知っていて多額を貸す。支払いに窮すると、不動産を担保に取ってさらに高額を貸す。そして最悪の場合は競売にかけてしまう。その手口は「合法的な詐欺」といって過言ではない。

香川県のスミ子（六七歳）は「不動産担保融資」でひどい目に遭ったひとりだ。融資をしたのは現在米国シティグループの傘下にあるアイク（現ＣＦＪ）。スミ子は二〇〇〇年五月にアイクＡ支店で二〇万円を借りた。それがやっかい事のはじまりだった。

当時彼女にはサラ金六社から計一四〇万円の債務があり、その支払いに行きづまっていた。もちろん利息制限法で計算すればもっと少なくなり、六社のうち二社は完済していた可能性もあった。だが彼女はそんなことは知るよしもなく、ひたすら払うことだけを考えていた。アイクから借りた二〇万円もほかのサラ金に支払うためだった。収入は月五万円足らずの年金のみである。

アイクには月々八〇〇〇円を支払う契約だった。スミ子はどうにか二ヵ月分を払ったものの、三ヵ月目には早くも行きづまった。八〇〇〇円が払えずに七〇〇〇円しか払えないようなありさまだ。どう考えても支払いを続けることはできない。一刻も早く調停をするか破産をすべき多重債務の状態である。

だが、担当していたアイクのＫ社員は不可解な行動に出た。焦げつきそうになっている二〇万円を回収するどころか、さらに二〇万円を追加融資したのだ。債務は合計で四〇万円に増えた。二〇万円に対する月々八〇〇〇円が払えないのである。四〇万円になったところで払えるはずもない。

そして問題の日が来た。二〇〇〇年九月二二日のことである。Ｋ氏はある行動に出た。スミ子によると、この日の出来事は次の通りだ。

K氏はまずスミ子の自宅を訪れ、自宅・土地を担保に三五〇万円を融資する契約書にサインを求めた。担保設定はすでに行われていた。法律の知識も乏しいスミ子は言いなりに署名・捺印をした。自宅と土地が担保に入っていることは後になって気づいた。寝たきりの夫は連帯保証人の欄に署名させられた。

契約が終わるとK氏はスミ子を連れて町役場へ向かい、老夫婦が滞納していた税金約四二万を払った。次に銀行へ行き、スミ子と夫が借りていたサラ金七社分の残債務約二〇〇万円、自宅の火災保険料約五万円、不動産鑑定料、公正証書作成費、登記手数料約二二万円などを払った。火災保険には「質権設定」がされており実質受取人はアイクとなっていた。支払いはすべてK氏が行った。

この日、K氏が払った金は総額三百数十万円。スミ子はなすすべも知らず横で見ているだけだった。一通り支払いを終えたK氏は三五〇万円の融資額からすでに払った金額を差し引いた一〇万円をスミ子に手渡した。

三五〇万円の債務に対する月々の返済は五万六四〇〇円である。彼女の年金は月にして五万円足らず。払えるわけがない。結局スミ子は、再びサラ金から借りてアイクの支払いにあてるようになり、以前にも増してサラ金地獄の苦しみを味わうことになる。

担保設定の費用も不動産鑑定費もすべて債務者持ちで、そこからまた利息を取る。アイクにとって年金暮らしの老夫婦は絶好の「カモ」に見えたことだろう。事実、支払いが滞りがちなスミ子に対して「五〇〇万円まで枠がある」と増資の働きかけが繰り返しなされたという。

家族が異変に気づいたのは契約から約一年後のことだった。アイクの残債額は約三〇万円とほとんど減っておらず、ほかのサラ金数社の負債も百数十万円にのぼっていた。年金ではどうあがいても払えるわけがない多額の債務である。

家族の協力で、ただちに多重債務者の自助グループに相談して裁判所に調停を申し立てた。しかし当事者のアイクは調停を欠席し続けた。利息制限法による正確な利息計算を求めても「不動産を競売にかける」と、協力しようとしないのである。スミ子は「家を取られる……」と不安を訴えた。家族は彼女をなだめながら契約の不当性を主張し続け、二度目の調停でようやく和解が成立した。

「年寄りをだまして土地・建物を奪うつもりだったのだろう。借りた方も悪いが、アイクの非誠実な態度に大変苦しい思いをした。土下座して謝ってほしい」

家族は憤りを隠さない。

一連の事件について、ＣＦＪ（旧アイク）コミュニケーション部の女性社員は取材に対して次のように答えた。

「調査の結果、社内基準に反する事実は報告されなかった。ただ、お問い合わせがあったことを認識して、お客様にはこれまで以上に、誠意を持って十分な説明をするよう指導したい」

その後、今年六月には、ＣＦＪが顧客名簿の販売や不動産担保融資をめぐる不正行為、計算書改ざんによる不当利得隠蔽工作などがあったとして社員八〇人あまりを処分したという新聞報道がなされた。同社は報道内容を否定しておらず、処分があったことは認めている。ただ詳しい内容については「プライバシーの保護」などを理由に口を閉ざしたままだ。

不動産担保融資の問題は他のサラ金会社でも起きている。無担保・無保証のサラ金の取り立てに窮して不動産担保融資に移行し、家を失いかけた例は枚挙にいとまがない。

例えば東京都内の自営業男性は、年収が五〇〇万円で返済のめどがないにもかかわらず自宅を担保にアコムから七五〇万円の融資を受けた。金を借りた理由はサラ金の支払いに行きづまったためだという。また茨城県の会社員は、アイフルから「多重債務の一本化」を働きかけられ、自宅を担保に三〇〇万円を借りた。そして当然の成り行きとして払えなくなった。

「サラ金の支払いに困っても新たに借りてはいけない」

全国クレジット・サラ金問題対策協議会の宇都宮健児弁護士は警告する。

サラ金は利息制限法違反の高利を取っている。違法だから正当な利息計算をすれば債務額が減ったり、過払い金を取り戻すことができる。しかし、支払い続けようとして新たに借り入れると負債が増えて苦しくなってしまう。担保つきだと問題はより複雑になってくる。アイフルで借りた会社員の金利は、年二四％だった。調停を申し立てて利息制限法（一五％）での計算を求めたがアイフルは応じず「競売にかける」と繰り返したり、一括請求をちらつかせて揺さぶってきたという。

不動産担保融資は、無担保よりは多少利息が低い。それでも通常は利息制限法違反の二〇％以上だ。数％の住宅ローンに比べれば一〇倍前後の高利である。しかも支払いが遅れると出資法上限の二九・二％を要求される。利息制限法を超えた金利は、まったく支払い義務がないが「金額が大きく、担保があることで債権者は強気だ。闘いにくい」と、この問題に取り組む片見健二司法書士（東京司法書士会）も言う。

旧サラ金大手五社（武富士・アコム・プロミス・アイフル・三洋信販）のうち、不動産担保融資を扱っていないのは武富士だけだ。このうち不動産担保の貸付残高がもっとも多いのはアイフルで、約一兆三〇〇〇億円の総貸付残高のおよそ二割にあたる二七七〇億円（非連結・二〇〇二年三月期）。前期比二〇％以上の伸びをみせている。

こうした変化の背景には、サラ金の貸付口座数が飽和状態に達したことがある。大手五社の貸付口座数は計一〇〇〇万超で、もはや限界。貸付残高を伸ばすには一口あたりの金額を増やすしかない。そこで各社が注目したのが不動産担保融資である。

貸金業規制法では過剰融資を禁止。事務ガイドラインで「（融資額は）一業者あたり年収の一割または五〇万円」を目やすとされているが、あくまで無担保・無保証の場合に限る。担保があれば年収など関係なく高額を貸せる。規制する法律はないのが現状だ。

実は、アメリカでも同様の問題が起きている。昨年、同国を視察調査した宇都宮弁護士によると、最近、貧困層に金を貸して家を奪う悪質商法が問題になっており、高齢者が家を失う例も少なくないという。ただアメリカでは、初めから不動産を狙った手口は「略奪的貸付」（プレデタリーレンダリング）と呼ばれて不正融資とみなされる。

新聞報道によると昨年九月には、日本のサラ金市場にも進出しているシティグループが、傘下の消費者ローン会社を通じて「略奪的貸付」を行ったことを認め、アメリカ連邦取引委員会（FTC）に二億一五〇〇ドル（約二六〇億円）を支払うことで和解した。これに比べ、日本は野放しの「略奪」状態だといえよう。

合法的で詐欺的なサラ金の手口から身を守るにはどうすればいいのだろう。宇都宮弁護士の忠告はこうだ。

「借りてはいけない。サラ金の支払いに困っている人は、弁護士会に行って相談してほしい。無知や窮迫につけ込んで、利息制限法違反の高利で金を貸す。それ自体、詐欺的商法です。利息制限法以上は払う必要がありません」

〝違法貸金業〟サラ金からは「借りてはいけない」だけではない。払ってもいけないのである。

4 武富士騒動

続発する告訴・告発・内部告発

アイフル・アコム・武富士・プロミス（五十音順）に加え、今年一月にユニマットレディス・アイク・ディックファイナンスの三社が合併した米国シティグループ傘下のＣＦＪ社（シティファイナンスジャパン）を入れてサラ金大手五社と呼ぶ。

二〇〇三年三月期のサラ金大手五社貸付残高合計は、七兆六一〇〇億円あまりにのぼった。増益に増益を重ね続けてきた華やかさは、景気低迷にあえぐ日本の産業界では群を抜く。デフレ下の低金利で、大手の資金調達金利はわずか二％前後。それを二九・二％に限りなく近い金利で貸しつけるのだから利ざやは小さくない。不況やリストラでお金に困っている人はいくらでもいる。流し放題のテレビコマーシャルで、かつて「サラ金」という言葉に象徴される暗いイメージはもはやない。不況を追い風に笑いが止まらなかったことだろう。

だが、「この世の春」を謳歌してきたサラ金業界にも、最近変化のきざしがうかがえる。サラ金の利用者は全国で推定一六〇〇万人。国民の八人に一人がサラ金から借りている計算だ。大手五社の顧客は一三〇〇万口座を超える。ここ数年で各社の伸びは鈍化しはじめ、とうとう減少に転じるようになった。もはや飽和状態だといえる。しかも、破産者が年間二〇万人を超えることから分かるように、サラ金の利用者は次々に破綻に追い込まれている。二〇〇三年三月期の、武富士、アコム、プロミス三社の決算は軒並み減益となった。「貸し過ぎ」の影響だろうか、貸し倒れも増えているという。いわゆる「過払い金」の返還請求運動もどんどん広がっている。「笑いが止まらない」と思われたサラ金業界も、実際は楽ではないようだ。

「業界Ｎｏ１」を誇ってきた武富士（本社・東京都新宿区　武井保雄・代表取締役兼会長）をめぐる騒ぎは、こうした状況のもとで始まった。

違法取り立てによる営業停止処分、役員二人が書類送検された労働基準法違反事件をはじめ、盗聴疑惑、元社員の「内部告発」問題が相次いでいる。

また武富士側からも告訴や訴訟が次々と起こされ、訴訟合戦のごとき異様な状況を呈している。武富士を批判する出版、報道に対しては、武富士側から多数の名誉毀損訴訟が起こされている。筆者自身も同社を批判した記事が原因で、多額の損害賠償を求められている被告の一人である。それぞれの訴訟の行方は法廷にゆだねるとして、昨年からの成り行きをざっと報告しておこう。

なお、ここで武富士問題をとりあげる意図は、武富士の名誉をいたずらに傷つけるためではない。事実は事実として読者に知ってもらいたいと願ったからである。

武富士側にも十分取材したいのはやまやまだが、質問状を出しても答えていただけない状況が

武富士被害対策全国会議結成

行政処分申し立てに向かう弁護団　関東財務局

続いている。現段階で最善の方法として武富士側の言い分は同社のホームページや訴状から出来るだけ趣旨を壊さないよう引用した。

もともと武富士については、各地から苦情の類が多く寄せられていた。これを受ける格好で二〇〇二年一〇月には弁護団「武富士被害対策全国会議」（代表・新里宏二弁護士）が結成され実態調査に乗り出した。関東財務局には延べ七〇件以上の行政処分申し立てもなされ、同財務局は昨年秋から一四〇日間の立ち入り調査を実施。関東財務局は、八月一日、貸金業規制法二一条違反（調停中の取り立て）で、大阪府守口支店を八月二日から一五日間の営業停止処分にした。

二〇〇二年一二月、「借りている人は大変？　返済はそんなに苦しいですか？　そんなことはありません‼　貸している人も苦しいのです。」との言葉を冠したホームページ「￥ショップ　闇富士」を公開した元社員に対し、武富士が名誉毀損などで約三〇〇〇万円の損害賠償を求める訴訟を東京地裁に起こした（武富士側代理人・川原史郎氏ほか）。訴状で武富士側は「（中略）原告会社が従業員に対して貸金業規制法や関連政令・規則を遵守しないよう職務上指示するとともに、顧客を軽視し、従業員を酷使して強引な貸付と取立を組織的に展開している会社であるかのごとき、全く事実無根の印象を与える情報を掲載している」などと主張している。

同じころ、『サンデー毎日』に「戦慄スクープ　武富士を揺るがす『盗聴疑惑』　決定的内部資料を入手　テープ、会話記録メモ、領収書、稟議書……」と見出しをつけた記事が掲載された。

武富士は名誉毀損で同誌を提訴した。

今年一月には、大阪労働局が労基法違反（残業代未払い）容疑で武富士本社などを強制捜査する事件が発生。その後、役員二人が書類送検された。

二〇〇三年二月から五月にかけては、被害者や社員の証言をもとに筆者が書いたルポ「武富士残酷物語」「武富士社員残酷物語」「武富士『第三者請求』訴訟」の三編が雑誌『週刊金曜日』に掲載された。武富士側は記事内容のほぼすべてが「虚報」で名誉毀損にあたるとして筆者と週刊金曜日を相手に一億一〇〇〇万円の損害賠償請求訴訟を東京地裁に起こした。現在、全面的に争っている。武富士側代理人は弘中惇一郎氏ほか三名である。弘中惇一郎弁護士は、薬害エイズ事件の元帝京大学教授・阿部英被告の弁護人として知られる。

続いて三月には「武富士被害対策全国会議」編による『武富士の闇を暴く』（発売・同時代社）が出版された。一方の武富士は内容の一部が名誉毀損にあたるとして執筆した三人の弁護士（新里宏二、今瞭美、宮田尚典各氏）と発売元の同時代社を相手取り五五〇〇万円の損害賠償と出版差し止めを求めて東京地裁に提訴、現在係争中である。武富士の代理人は『週刊金曜日』と同じ弘中惇一郎氏らが務めている。

訴状では、支払い義務のない親族らから債権を回収したなどとする証言を紹介した複数ヶ所の記述を引用した上でこう述べている。

「以上の通り、本件記事は、原告（武富士）が、消費者が求めた以上の貸しつけを無理に行ったり、法的に返済義務のない親族に対して執拗あるいは威圧的に支払い請求を繰り返したりしており、また、債務者本人との関係でも小学生を待ち伏せして債務者である母親の勤務先を聞き出したり、財布の中身を示させたり、暴力をふるうことをほのめかすような威圧的な態度をしたりするなどして、違法あるいは不当な取り立て行為を行ったとするものであり、原告の名誉ならびに信用を著しく毀損するものである。

しかしながら、以上のような貸し付け行為あるいは取り立て行為が行われた事実はまったくない。

要するに、この記事は、その主要な部分において、全く事実に基づかないものであり、虚偽記載である」

これに対して六月一三日の第一回口頭弁論では、被告の新里宏二弁護士が意見陳述で次のように反論した。

「同社(武富士)は同社に対する批判に対し、多額の損害賠償訴訟の提起をよく利用します。(中略)それぞれ、最近、武富士の問題点、疑惑等を報道したものについて、多額の損害賠償を請求しています。

本件は、我々の正当な言論表現活動に対し、その萎縮効果をねらって訴を提起したものであり、武富士の行為は、民主主義社会の根幹たる表現の自由の保障をないがしろにしたものとしかいいようがありません。

武富士から高額訴訟を起こされた『週刊金曜日』と『武富士の闇を暴く』

我々は、武富士の訴訟による言論の抑圧を許さず真実が全ての出発点であることを確認し、正しい司法判断を求めるものです」

五月から六月にかけては『週刊プレイボーイ』に「警視庁個人情報がいまだに流出している」などのタイトルで武富士と警察の関係を批判する記事が掲載された。記事は、①警察から武富士への犯歴データが流出？　②武富士から警察幹部にビール券や現金などを贈った？　③武富士から警察へ個人信用情報の流出？　④武富士から警察庁キャリアの天下り先である民間調査会社に個人信用情報が流出――などの疑惑を報じた。一連の疑惑は国会でも質問されている。この報道に対し武富士は執筆者のジャーナリスト・寺澤有氏と集英社などを相手取り総額一億五〇〇〇万円の損害賠償を求める訴訟を東京地裁に起こした。

この問題では元署長が地方公務員法の守秘義務違反容疑で書類送検されている。

提訴の理由について武富士は、ホームページで次のように説明した。

「今般、五月二七日発売の集英社発行の週刊誌『プレイボーイ』に『個人の信用情報が武富士から警察キャリアの天下り先へ流出していた!!』という見出しの四ページにわたる特集記事が掲載され、弊社の名誉、信用を著しく毀損する記述がなされましたが、そのような事実は一切ございません。

五月二七日号（五月一三日発売）、六月三日号（五月二〇日発売）の特集記事に対し、弊社はそれぞれ五月一四日、五月二一日に損害賠償請求を提起したにも係わらず、更に今回発売された六月一〇日号（五月二七日発売）においても十分な取材・調査をせず、引き続き同内容の記事を掲載するという意図的な行為は言語道断であります。従いまして、発売と同時に即刻提訴した次第です。

弊社と致しましては、今後も事実無根の報道や謂れなき誹謗・中傷によって弊社の名誉・信用が毀損された場合は毅然とした態度で臨む所存です」（五月二八日付）

ちなみに『週刊プレイボーイ』六月一〇日号の記事の終わりにはこういう記述がある。

「本誌は連載開始以来、ずっと武富士の責任ある回答を待ち続けている。にもかかわらず（中略）損害賠償を求める訴訟を提起するだけで、『取材に応じる意思がある』と言いながらも取材を受けようとはしない。このような姿勢が消費者金融最大手のとるべきものであろうか」

個人的には筆者自身も同様の感想を抱いている。

盗聴疑惑

一方、六月一三日には「武富士が同社役員や社員、ジャーナリストらに盗聴をしていた」として、サラ金・ヤミ金問題に取り組む弁護士有志が、武富士と武井保雄会長らについて、電気通信事業法違反容疑で、七一本の「盗聴テープ」を証拠につけて東京地検に告発した。以下に告発状の主要個所を引用する。告発は後に警視庁が受理した。

「被告発人・武井（保雄氏）は、被告発会社（武富士）の業務に関し、被告発会社の従業員（当時）Ｎ（『盗聴テープ』など武富士の内部資料を持ち出した業務上横領罪で起訴、三宅注）をして、被告発人Ｓ（民間調査会社の経営者）に対し、日本電信電話株式会社の加入電話による別表『被盗聴者』欄記載の各人と他人との通話内容を密かに録音して盗聴することを依頼させ、被告発人Ｓはこれを承諾し、共謀の上、平成一二（二〇〇〇）年八月三日ごろから平成一三（二〇〇一）年二月二四日ごろまでの間、（中略）各被盗聴者と他人との通話内容を盗聴録音し、もって電気通信事業者が取扱中の通信の秘密を侵したものである」

「別表」にはＮ、Ｓ氏らが盗聴にかかわったという五人の氏名、住所や盗聴した日時が詳細に記されている。

また告発にいたった事情としてはこう触れている。

「（中略）サラ金業界最大手の株式会社であって、東京証券取引所一部に上場し、日本経団連に加入しているものであり、被告発人武井（保雄氏）は、同社の経営トップである代表取締役会長として、法令遵守及び企業倫理の徹底を図るべきことが強く求められる立場にあるにもかかわらず、被告発会社（武富士）の業務に関し、重大な人権侵害に当たる盗聴行為を繰り返し行っていたものであり、かかる行為は厳しく非難されなければならない。被告発人武井（保雄氏）には、本件告発事実につき、最も大きな責任があると言うべきである」

武富士はホームページに次の反論を掲載した。

「六月一三日、『全国ヤミ金融対策会議』代表の弁護士らが、当社武井会長が盗聴を指示したとして、東京地方検察庁に、当社および武井会長他を告発し、記者会見を開きました。

武富士訴訟・盗聴告発で会見する弁護団

しかしながら、六月一二日付の本コーナーでも指摘しましたように、当社が会社としてあるいは武井会長が盗聴を指示した事実は全くありませんし、言われるような盗聴を指示する必然性も全くありません。

同弁護団が盗聴の根拠としているのは、当社の社内情報を盗み出して改竄し、五月二〇日に恐喝未遂で逮捕され（処分保留、三宅注）、六月一〇日に業務上横領で再逮捕された当社元社員N容疑者の資料であり、情報そのものがダーティなもので、信ずるに足りるものではありません。さらに、盗聴が開始されたとされる平成一二年末は、同容疑者が違法賭博により多額の借財を負ったことが発覚した時期と符合しています。同容疑者の行為は、個人的な借金返済という私利私欲のために犯行に及び、さらに犯行を隠匿するために武井会長に責任を転嫁し、保身をはかる恩を仇で返す卑劣なものであります。

当社は、同様の根拠で自宅を盗聴されたとして警視庁北沢警察署に武井会長を告訴したメールマガジン『東京アウトローズ』山岡俊介編集長を、虚偽告訴罪で五月三〇日に同警察署に告訴していますが、本件についても当局による厳正な事件の解明を待つとともに、意図された告発に対しては、毅然とした法的対応を取りたいと考えております。

また、今回の告発の母体となった『全国ヤミ金融対策会議』（代表・宇都宮健児弁護士）には、依頼者から預かった金員を横領したとして刑事告訴を受けている弁護士（注）がいます。このことは、同弁護団の行動が、自らの内部に対しては正義を貫こうとしないが、他に対しては厳しく接するという、典型的なダブルスタンダードによるものであることを示しています。

今回の『告発』も、ためにするものであるというそしりは免れないものと思われます」（六月一四日付）

この疑惑についても一日も早く真相が明らかになることを願うばかりである。

告発が行われた六月一三日にはまた、元武富士の支店長ら二四人が未払いの残業代や過酷な労働を強いられたことに対する慰謝料を求めて、東京、大阪、仙台、福岡の四地裁へ一斉提訴した。

一般社員の賃金未払いをめぐる訴訟については、昨年、元社員の御木威さんが勝訴的和解を勝ち取っているほか、一〇人の元社員がすでに集団提訴をしている。

武富士側も一般社員についてはさかのぼって未払い賃金を支払った。同社のホームページによると、退職社員を含め約五〇〇〇人に過去二年間の未払い分として三四億五九〇〇万円を弁済したという。

慰謝料を求めている元支店長Aさんは、訴状によると次のような体験をしたという。

「(上司のK氏が原告Aに向かって)『バッヂをはずせ』『社員証を出せ』『すぐに辞めろ』と大声で怒鳴った。これに対しAは『申し訳ございません』『絶対にやります』とノルマ不達成を謝罪したが、Sは『いますぐ辞めろ』等と言い、E支店の支店長に対し『退職願と退職回収票二枚持ってこい』と述べそれに記入するよう強要した。(中略)Sは、『お前、ここから飛び降りて死ね』と言いながらAの肩と腰を押して開け放しになっている非常口のドアまでおしていった。Aが必死で謝罪したことから、非常口から飛び降りることはなかったが、E支店はビルの五階であり、開け放たれた非常口から外を見たAは死の危険を感じた」

武富士側の反論については裁判の進行を待ちたい。

(注)告訴されているのは武富士被害対策全国会議の中心メンバー・今瞭美氏。告訴代理人は武富士の弁護も務めている鈴木武志氏。今氏は名誉毀損と業務妨害罪で鈴木氏を告訴している。

5　過払い金を取り返せ――各地ではじまる〝不当利得〟返還運動

一般紙の朝刊に掲載されているあるサラ金の広告に注目すると、「ご利用は計画的に」という決まり文句と「二三・三六％～二七・三七五％（目的自由）」とする金利表示が一ミリほどの小さな活字で書かれている。この金利が、本当はわざわざすき好んで払わなくていい不当に高いものだということを知っている人が、いったいどれほどいるだろうか。

「ヤミ金」の定義が出資法違反（上限金利は年二九・二％）なら、「サラ金」の定義は利息制限法違反（元本一〇万円未満＝年二〇％、一〇万～一〇〇万円未満＝年一八％、一〇〇万円以上＝年一五％）と言ってよい。どちらも「違法貸金業」という点では同じである。ただし出資法には罰則があるから犯罪に問われるのに対して、利息制限法には罰則がない。民事的に「利息制限法以上の金利は無効だ」というのみで捕まらない。客が文句を言わなければ、取りすぎた金利はそのままサラ金のもうけとなってしまうのである。

長年サラ金と取り引きを続けているような場合なら、ある妙な結果が起きてしまう。つまり、利息制限法の金利だととうに返済を終えているのに延々と支払いを続けているという「過払い」

現象である。もちろん、サラ金社員は「利息制限法だと返済は終わりましたよ。よかったら余分な金利も払い続けてください」などとは決して言わない。そんな説明をされて金を払う人もいないだろう。また広告やＣＭでも、こうした利息のからくりにはいっさい触れてはいない。サラ金は、客の無知と経済難につけ込み、余分な利息をかすめ取っていることを最大の特徴としている。消費者をバカにするのが「消費者金融」だと言われてもやむをえないだろう。

いつまでもバカにされていては我慢ならない、不当に払った金利をサラ金から取り戻そう――そんな運動が次第に広がっている。

「サラ金から金を取り返す？　そんなことが本当に出来るのだろうか」

いぶかしく思う人がいるかも知れない。しかし、実際に金が戻ってくるのである。また、戻ってくるほど金を払っていない人でも債務額は絶対に減る。こんな運動を展開されたら当然サラ金のもうけはぐっと減ってしまう。業界はさぞ脅威を感じていることだろう。抵抗も予想される。だがいまのところは、利息制限法による金利の計算は正当で有効な主張として裁判所でも通用している。サラ金の利用者なら、賢い消費者としてこれを主張しない理由はない。

次に紹介するのは「過払い金返還運動」の〝先進地〞沖縄の取り組みである。ぜひ参考にしてほしい。

沖縄の「過払い金返還運動」

筆者の手元にA4版・およそ一〇〇ページの冊子がある。表紙に『債務者のためのサラ金調停必勝法（Ⅲ）（過払金返還請求訴訟）』というタイトルが踊る。発行元は「司法書士調停研究会」、定価は一〇〇〇円。事務局を務めるのは沖縄県那覇市で司法書士をする宮里徳男氏（沖縄県那覇市壺屋二丁目五番七号　宮里司法書士事務所　０９８—８５５—４５３２）である。実はこの本、静かなベストセラーとなっている。一九九九年に初版『サラ金調停必勝法』を出版して以来、口コミで売り続け、増刷・改訂を重ねて現在七万五〇〇〇部を販売してきたという。一見、専門書のようで難しそうな印象もあるが、自分の問題として取り組む必要のある人には分かりやすい内容だ。

「どうやってサラ金から払いすぎた金を取り返せばよいか」あるいは「どうやってサラ金と対等に交渉して正当な方法で債務の額を減らしたらよいか」について、手続きやコツを具体的・実践的に説いている。また各種書式の用紙も付録されており、コピーして使えるよう配慮もある。

この本の巻頭には次のように書かれている。サラ金業界のもっとも痛い部分をついた指摘であり、借金に苦しむ債務者に希望を与える言葉である。

サラ金業者の貸付金利は「出資法の規制内だから処罰はされないが、利息制限法に反する違法金利であること」を知っていますか。この超低金利時代にサラ金業者等は「違法金利による莫大な利益」を確保するために、全国各地に無人契約機等の店舗網を張りめぐらし、大宣伝を行いながら「見境のない過剰融資」や「押し付け融資」を行い、その回収のために「過酷な取立」をおこなっているのです。

この業者の「違法金利」「不当取立」と手を切るためには、サラ金業者を「法律の世界」に引き込まなくてはなりません。法律の規定や最高裁判所等の裁判例（判例）を活用して借金の整理をはかることが必要です。「違法金利」との「争い」ですから、皆さんが「勝つ」のは当然の話です。（中略）平成一二（二〇〇〇）年二月からは、サラ金調停を有利に進めるための「特定調停制度」も施行されました。「調停で、借金が半分に減り、月返済額が三分の一に減った」などの経験も数多く報告されています。そしてサラ金業者等に余分に取られた過払金を取り返す不当利得返還請求訴訟も多数提起されるようになり、「過払金を取戻し、残った業者への返済に充て、借金が無くなった」等の声も寄せられています。

しかし、サラ金業者も必死に抵抗しています。抵抗を抑えて勝利する＝生活や営業を再建するには、何よりも「知を力」にすることです。（『債務者のためのサラ金調停必勝法(Ⅲ)』「はじめに」より）

「特定調停」とは何のことか、少し説明しておきたい。

特定調停は債務問題専門の調停制度として二〇〇〇年から施行されている。サラ金などの債務に困った場合に簡易裁判所で申し立てを行い、調停委員や裁判官のもとで債権者と債務者が、債務・債権の額や支払い方法について話し合う。破産と違い、あくまで支払う能力と意思はあるという前提で、払い方や支払い額について協議をする。その点でとても建設的な解決方法といえる。申し立てはそれぞれの債権について行う、つまり四社のサラ金から借りていれば四件の申し立てをすることになる。調停中は支払い督促をすることが禁止されており、取り立てもやむので債務者は安心して債務処理に専念できる。

調停の手順は、

①債務額の確定

②支払い額・方法を話し合う

という流れで進む。債務額を決めるという作業がなぜ必要なのかは、いうまでもなくサラ金が「違法金利」を取っている、あるいは請求しているからである。

債務額確定作業とは具体的には、利息制限法で金利計算をやり直すという作業を指す。この計算をする上で必要な材料が「いついくら借りて、いついくら返済したのか」という取引の記録である。領収書などが残っていればいいのだが、多くの債務者は捨ててしまっている。「家族に内緒で借りている」などの状況がそうさせている場合もよくある。

領収書がない場合は、この取引記録を開示するようサラ金側に求める。うまくいけば、利息制限法で計算をやり直した通称「計算書」と呼ばれる書類が開示される。その書類を見れば債務の額は必ず減っているのが分かるだろう。「残元金五〇万円」だったはずが「二〇万円」になったり、「マイナス三〇万円」――つまり過払いになっていることもはっきりするわけだ。計三〇〇万円の借金を抱えて到底払えないと絶望していた債務者が、調停で利息計算をやり直したところ実は三〇〇万円どころかあと二〇万円だったたという話も珍しくない。

一方、サラ金の側は、この計算書をなかなか出さなかったり、出しても一部しか開示しないいなどの姑息な抵抗をよくしてくる。ひどい場合は内容を改ざんして過払いをごまかす工作すらやっている。改ざんが疑われる怪しい計算書は多数報告されているが、明るみになったものでは八〇〇余人の顧客について計約一億分のごまかしをやったアコムや、計算書改ざんや顧客名簿をヤミ金関連業者に売るなどの不正で社員約八〇人を処分したＣＦＪの事件がある。

どうしても不当な利息を払ってサラ金をもうけさせたい人は別として、サラ金の利用者はすぐにでも特定調停を申し立てて、利息制限法での金利計算を求めることをお勧めする。

一斉提訴

さて、この特定調停がはじまった二〇〇〇年から、宮里司法書士をはじめ沖縄県の法律家有志はサラ金被害者を集めて一〇〇人規模の勉強会を開くなどして次々と調停の申し立てを行ってきた。そしてこの調停を通して得た計算書を証拠に、一昨年の二〇〇一年から過払い金の返還運動を始めた。この年は一年間で七四人が九五件を提訴して、判決や和解で計五四〇〇万円を取り戻した。

これに勇気づけられ、昨年は一斉提訴に踏み切った。六月七日、サラ金の顧客二〇人あまり(延べ三七件)が、利息制限法違反の金利は無効だとして、サラ金八社に対して過払い金合計約二三〇〇万円の返還を求める「不当利得返還請求訴訟」を那覇地裁・那覇簡裁などへ一斉提訴。その結果、約二ヵ月後の八月には、三七件のうち九割にあたる三四件が勝訴的和解で決着、約一六〇〇万円を取り返すことに成功した。

「長い間サラ金から借りていて、追いつめられた人たちの励みになりました。地元の『沖縄タイムス』や『琉球新報』が大きく報じたこともあって、相談が殺到するようになりました」

宮里司法書士は反響の大きさをうれしそうに話す。

一方、サラ金業界は「過払い金返還運動」が広がるのを恐れたのか、提訴が報じられた直後、地元紙に紙面の下三分の一を割く広告が掲載された。

「(社)貸金業協会の会員は、適法な利息の契約により融資を行っています

金利の上限は年二九・二%(一般の貸金業)と年五四・七五%(日賦・電話担保)です。

沖縄県貸金業協会」

だが、いくら二九・二%が「適法」と主張したところで、裁判では現実としてサラ金業者各社は利息制限法を超えた金利を自ら返還し、和解に応じているのである。もはや法的に議論の余地はなかった。沖縄では司法書士が中心になって、昨年六月に続いて七月にも三五人計三七〇〇万

円の過払い金返還請求訴訟を起こした。その後も訴訟が相次ぎ、件数は増える一方である。そしてそのほとんどが、一、二回で和解にいたっており、「ほとんど争いはなく手続きみたいなもの」(宮里氏)だという。しかも訴訟手続きは簡単で、少し勉強すれば本人でもできる。一〇年くらいサラ金に支払ってきた場合なら、過払いは間違いないから「払いすぎた金を返してほしい」と主張すべきを主張すれば、サラ金としても反論のしようがないのである。

あるサラ金業者は、取引履歴を確認するために計算書を請求したとたん連絡がきて「提訴しないでほしい。(過払金の)七割で和解してほしい」と泣きついてきたという。また四〇六万円を請求され毎月二〇万円以上を払っていた別の多重債務者の場合、利息制限法での金利計算を求めたところ、計三〇五万円を取り戻し、その金で債務をすべて清算した挙句、さらに一七〇万円が手元に残った。

那覇簡裁で昨年扱った過払い金返還請求訴訟は三〇〇件あまり。単純に一件五〇万円平均と計算して、ざっと一億五〇〇〇万円の不当な金利が返されている。今年は激増して、那覇簡裁の取り扱い件数は、四月までですでに前年の六倍近い二五〇件以上にのぼっている。年間にすると一〇〇〇件以上に達する勢いだ。五億円以上のお金が債務者に戻される可能性がある。

ある司法書士の事務所では、今年一月から四月の間に八〇件の過払い金返還訴訟を提起したほか、二七件を提訴前の和解という格好で過払い金を取り返した。裁判になった八〇件のうち七二件が、和解や取り下げなど勝訴的な形ですでに終了。しかも九割方は一回目の期日で決着した。

過払い金の請求額は計四七〇〇万円、これに対し回収額は三八〇〇万円。一件五三万円平均を回収した。全国では大手各社が返金した過払い金はすでに年間数十億円にのぼるとの見方もある。

宮里司法書士は言う。

「サラ金は、こういう不当な利得を取って暴利を得て人を『しなしな』（死ぬ思いを）させている。そんな会社が日本経団連に入るなんて『何言っているんだ』と腹立たしい。ヤミ金の問題も、結局大手を含むサラ金の利息制限法違反の営業で、追いつめられた人が被害に遭っている。サラ金で借りている人はすぐに調停を申し立てるべきです。大手サラ金の平均調達金利は二％を切っている。利息制限法でも十分稼げるはずだ。サラ金に利息制限法という法律を守らせるべきです、と言いたい」

兵庫、静岡、愛知……過払い金返還運動は次第に各地に広がりを見せている。サラ金業の問題、金利のからくりを知るうえでこれほど分かりやすいテーマはない。運動が盛り上がるかどうかは弁護士・司法書士の姿勢や地元マスコミの関心度にも比例しているようだ。中央よりむしろ地方に行くほど関心が高い傾向がある。そもそも金利を定める法律が二つあるという矛盾。しかもクレームをつけた顧客には余分に払った利息を返す一方で、黙っている客に対しては請求を続けるという業態のおかしさ。サラ金が広告主になっているというしがらみの問題は別としても、サラ金のからくりを素直に「おかしい」「怪しい」と思える感性を、巨大マスコミは失いつつあるのかも知れない。

Ⅳ章　借金と心の問題

矛盾するような話だが、サラ金やヤミ金で金を借りて窮地に陥る人のうちで、まったく収入がないか、あるいはなかった人はまれだ。やりくりすれば十分暮らしていけそうな収入がある場合が少なくない。うらやむようないい稼ぎをしている場合だってある。家を持ち、高級乗用車に乗り、子どもを塾や習い事に通わせるなど、「それなりの」暮らしをしていることも多い。また、借金で懲りたはずなのに、何度も何度も同じ轍を踏み、家族や身内が困り果てているいう悲劇もよくあることだ。一方で、収入ははるかに少なくても、借金地獄からは縁遠い生活をしている人たちが大勢いる。この違いは何なのか。

誤解を恐れずに言うと、ある種「借金癖」のような傾向を持つ人たちが存在している。そして、この人たちはほぼ共通して「片身の狭さ」のような気持ちを抱いている。本来、貸金業者相手に片身が狭いというのはおかしな話だ。サラ金の場合なら、契約の一方の当事者にすぎない。ましてヤミ金なられっきとした被害者である。胸を張って主張すべきを主張すればよいのだが、なぜかそれがなかなかできないのである。ヤミ金にむちゃくちゃなことをされてもなお、被害届すら出そうとしないケースは珍しくない。腹が立たない、怒らない。「借りたものは返せ」「借りたお前が悪い」となじられて、むしろ自分が悪いことをしているような引け目を感じてしまう。「債務者心理」とでもいうべき心の働きがある。

そのなぞを解く鍵のひとつが「ギャンブル依存症」だ。パチンコや競馬・競艇などの賭け事に深入りし借金を重ねた挙句、破綻にいたってしまうという嗜癖——精神的に不健康な症状を指す。多くの場合は、家族が尻拭いをして何度も同様のことを繰り返す。「楽しみ」がいつのまにか苦しみに変わる。それでもやめられない。ときに家庭崩壊や自殺にいたる悲惨さは、アルコール依存や薬物依存と変わらない。

身の程を超えた浪費をしない、誘惑に惑わされないということはすなわち、あるがままの自分に対する自信を取り戻すことにつながる。サラ金・ヤミ金地獄に陥った人にとっての真の解決とは、金を使わなくても幸福感を感じる心の健康さを回復することかも知れない。

1　ギャンブル依存症

パチンコにはまる

会社員の夫を持つ平凡な主婦・島田洋子（五〇歳）が初めてパチンコ店に入ったのは、友人の誘いがきっかけだった。当時、洋子は家計を支えるために、縫製工場でパートの仕事をしていた。パチンコ店に入ったのも、ごく軽い気持ちだったという。

にぎやかな店内に入った洋子は台の前に座った。だが遊び方はおろかパチンコ台の操作すら分からない。まごまごしている彼女に手ほどきを加えたのは隣に座っていた男である。男の言う通りに五〇〇円分の玉を買い、台に流してはじきはじめてまもなく、にぎやかな音楽にあわせて勝ち玉がどんどん流れ出してきた。色とりどりのランプが点滅している。「フィーバー」の大当たりだ。パチンコ玉がぎっしりつまった「ドル箱」が、次々と床に積まれる。四万円の大勝利だ。この日を境に洋子はパチンコの魔力にハマってしまったのである。

不思議なことに、それからしばらくは面白いように勝ち続けた。男の手ほどきは「いまから思えば不正操作で勝たせてもらっていたに違いない」と洋子は振り返る。

勝つたびに数万円単位の不労所得が入る。四万円、五万円は普通で日に一二万円勝ったこともあるという。これで有頂天にならない方がおかしい。当時、洋子が縫製工場で稼ぐ賃金は一日あたり約三〇〇〇円だ。地道に働くのがばかばかしくなってきた洋子は、夫に内緒で工場を辞め、「パチンコ」に専念するようになったのである。

「仕事に行く」と家族にウソをついてパチンコ店に直行、行列に並んで午前一〇時の開店を待つ。日長一日パチンコにふけってから午後四時半には必ず家路に着く。「夫にバレないよう、午後五時には夕食の仕度に帰らないといけなかったんです」と洋子は言う。

パチンコ店に通う生活をはじめて約半年もたつと、なじみの友人が何人もできた。ある日、そうしたパチンコ友達の女から「金を貸してくれ」と頼まれた。最初は三万円、次に五万円、とうとう女は「あんたがついてきてくれたら五〇万円貸してくれるんだ」と、サラ金の名義貸しを頼み込んできた。洋子には、それがどういうことなのかよく理解できず、警戒心もなかった。言われるまま、女と一緒にサラ金の支店へ行った。店員の指示で名前と住所、本籍を確認すると、まもなく五〇万円を手にすることができた。

最終的にその女に「名義貸し」で借りてやった金は一五〇万円にのぼった。そのうちに、自分がパチンコで使う金も借りるようになっていた。もはや最初のように勝ち続けることはない。一万円札がものの三〇分もしないうちになくなってしまう。負けた金を取り返そうとまた金とつぎ込む。名義貸しをしてやった女は金を返さなくなった。彼女もサラ金から借りて行きづまった多重債務者だったのだ。洋子は利用されたのである。

五〇〇円でパチンコを知った運命の日から二年後、洋子はサラ金数社から約七〇〇万円の返済を求められ、苦しみもだえていた。夫の給料はほとんどをサラ金の返済にあて、生活費を別のサラ金から借りて補填した。その傍らでパチンコには大金を注ぎ続ける。当然ながら、こんな生活が行きづまるのは時間の問題だった。追いつめられた洋子は禁じ手に出た。思いついた手口とは、かつて自分が陥れられた「名義貸し」である。

「祖父の不動産を売るので、近々大金が入る。そうしたら払うから」

別のパチンコ友達の女に洋子は嘘をつき、数十万円の金を借りさせた。返すめどなど最初からない。その金も、サラ金への支払いとパチンコ代にたちまち消えてしまう。「死にたい」と思い始めたのはこのころからだ。「顔つきが険しくなった、恐い」と言われるようにもなった。

絶望的な気持ちを抱えながらも、パチンコ店通いだけはやめられない。鬱々とした気持ちで迎えたある正月、恐ろしい出来事が起きた。パチンコで知り合った男性が首を吊って自殺したのである。彼も多重債務者だった。早朝、深夜と働いて、昼間はパチンコをして、あり金をすべてサラ金に支払っていた。電車代にもこと欠くような状態で「死にたい」と漏らしていたのが、つい先日のことだった。

「『死にたい』と言って死ぬ人はいないだろう。てっきり冗談だろうと思っていたんです。体が震えた」

悲報の衝撃は大きかった。

もはや、洋子が借金していることを夫が気づくのは時間の問題だった。洋子は意を決してすべてを打ち明け「離婚してほしい」と訴えた。家族に迷惑がかかっては申し訳ない、離婚してひとりどこかへ行ってひっそりと死のうと思っていた。

だが、絶望する洋子に向かって夫はこう言った。

「二人でやり直そう」

息子もまた「早く相談してくれたらよかったのに」と励ました。そして無事「生き延びた」洋子は、被害者の会のひとつにたどり着いて相談することができたのである。会の支援で破産手続きを行い、生活を立て直すことが出来た。

「私は狂っていた。五〇〇円が狂わしたんです」と洋子は笑顔を浮かべながら話す。

「あのときフィーバーがかからなかったら……」

パチンコ地獄、サラ金地獄のいまいましい思い出は、いまだに抜けない。サラ金の支払いに追われる悪夢にうなされることすらあるという。だが、とにかく苦境から解放されて精神的に楽になった。パチンコをやめたいま「顔つきが優しくなった」と言われる。現在は時給五〇〇円の食堂で地道に働いている。以前のように一日何万円、何十万円と浪費する暮らしとは程遠い。それでも十分満足感を感じられるという。

パチンコとは縁を切った。パチンコ病の後遺症か、精神的にイライラすることもあるが、そんなときは部屋に花を飾って気持ちを落ち着けている。街でパチンコに行っている女の人を見かけるとつくづく思う。

「アホやなあ。はよう目が覚めたらいいのになあ。五〇〇〇円もあればいいもの食べられるのに」

繰り返し借金

四〇歳代後半の会社員戸田一郎は、競艇でつくった借金を何度も繰り返し家族に尻拭いしてもらった。その額、しめておよそ一〇〇〇万円。これほどの大金を払った家族は、一郎の保証人でもなんでもなく法的にまったく支払い義務のない第三者である。

妻に、親に、借金の尻拭いをしてもらうたびに「もうやめよう、ギャンブルはやめよう」と一郎は決意したという。だが、結局何度も同じ轍を踏んだ。どうしてなのか。ギャンブルが楽しかったわけではない。むしろ苦しみだったという。繰り返し借金苦に陥ってしまうつらさ。

「借金を肩代わりしてもらったことで『身内に迷惑をかけてしまった』という引け目みたいなもの、片身の狭さのようなもやもやがずっと心の隅にあったんです。半人前のように見られて、管理されているような生活も面白くなかった。結局自分で頭を打たないと分からなかったんですね」

借金を尻拭いしてもらう苦しさを、一郎はそう振り返る。

一郎が賭け事を覚えたのはざっと三〇年前、高校を卒業して働きだした一八歳のころにさかのぼる。兄弟がパチンコをしていたのを見て、何気なくやってみたのが始まりだ。勤め先にも賭け事好きの同僚が何人もおり、その一人に競艇好きの社員がいた。入社まもないある週末、一郎は彼に誘われて競艇に出かけた。何も分からずに四〇〇円の舟券を買ったら運のつきで一万六〇〇〇円の穴を当てた。月給が約一万二〇〇〇円のころである。

これをきっかけに一郎は競艇にのめり込んだ。通ううちにレースのことも、競艇選手の特徴も少しずつわかり、舟券の買い方が上達してきた。丸亀競艇、児島競艇と週末ごとに通った。月給分の大金が簡単に手に入る魅力は、一度味をしめると忘れられない。給料日前で金がないときなどは、「ボート買ってみようか」という気分にさせた。勝つときもあれば、負けるときもある。しばらくは給料の範囲で、そこそこに楽しんでいた。

楽しみだったはずの賭け事が苦しみに転じたきっかけは、同僚との金の貸し借りだったという。給料前で金がなくてもギャンブルに行きたいあまりつい借りてしまう。はじめは数千円、一万円程度だった借りは、次第に数万円、一〇万円と額が大きくなり、借りる相手も増えていった。給料日がくると、返済に追われ息苦しい思いをする。焦る気持ちでまた競艇場へ向かう。悪循環だと分かっていながら、どうしても抜け出せなかった。

サラ金に手を出してからは、苦しみが一気に何倍も大きくなった。結婚後まもない二〇歳代後半のころである。妻には内緒でサラ金の戸をくぐった。最初に借りた額は五万円か一〇万円、それを何度か返済すると、店員から「五〇万円融資できますよ。いかがですか」と勧められた。「『そんなにいらないのに』と思いながらも借りてしまったんです」

貸してやると言われると悪い気はしない。結局、サラ金会社の言いなりに五〇万円を借りた。同僚への返済で頭がいっぱいだった一郎に、融資を断るだけの判断力や勇気はなかったようだ。これを機に、借金は「雪だるま式に」大きくなり、三年後には五〇〇万円もの返済を、サラ金数社から求められるまでになった。一郎の月給は当時で、手取り二〇万円そこそこ。利息すら払えない。給料はそっくり妻に渡し、サラ金の借金で借金を払うという自転車操業を繰り返し、ついにどこも貸してくれなくなってお手上げとなった。

くどいようだが、サラ金の返済に行きづまったときには、調停なり破産なり、任意整理なり、法的に解決する方法がある。そしてたとえ家族であろうが、保証人でもない限り単なる他人、第三者だ。請求されるいわれもなければ払う義務などまったくない。

だが一郎の場合、サラ金で五〇〇万円の返済を求められて困っている本人に代わって金を出したのは、ほかでもない「第三者」の父だった。少し冷静に考えれば誰でも分かることなのだが、こうした代位弁済で喜ぶのはサラ金である。単なる寄付、あるいは献金に等しい行為だからだ。

とにかく父は「息子のために」金を払った。そして大金をはたいた挙句の当然の心理として不肖の息子にこう言ったのである。

「もう競艇はやめろ、ギャンブルはもうするな」

一郎もそのつもりだったという。しかしギャンブル抜きの〝謹慎〟生活は、ものの二ヵ月も持たなかった。いつの間にか競艇場に通う生活に戻ってしまったのだ。

「まじめにせないかん」という思いは常に頭の片隅にあったという。その一方で借金を肩代わりしてもらった引け目のようなもやもやした気持ちがついて回った。半人前扱いをされているようで片身が狭い。「まさかまたギャンブルしていないだろうね」と、家族から管理されているような暮らしは面白くない。一郎は、手前勝手で都合のいいことを考えるようになった。

「父には迷惑をかけてしまったから、五〇万円でも一〇〇万円でもぽんと返して、競艇はきっぱりとやめよう」

これもしょせんあさはかな「計算」に過ぎなかった。当然の成り行きとして金に行きづまる。家族に知られるのを恐れながら再びサラ金を訪れた。

「またご融資できますよ」

数百万円という大枚を一挙に払ってくれた「実績」ゆえか、サラ金業者は一郎に親切だったという。また一軒、また一軒と、勧められるままに借りた。「いつか来た道」だった。三年後には借金五〇〇万円。今度は妻が貯金を下ろして「情けない夫」のために払った。サラ金にとってこれほど〝おいしい〟上客はあるまい。一郎は前にも増して片身の狭い思いに苦しんだ。その気持ちを紛らわすために、いけないと分かっていながら競艇に足が向く。「お貸しできますよ……」と手招きするサラ金――。

一郎は同じ過ちを都合三度繰り返した。家庭にも実家にも、もはや財産はなくなっていた。

「やみくもに買っては負けていた。どうせ負けると分かっていながらも大金を張ってしまう。ゆとりがあれば『次のレースまで待とう』と思えるはずが、追いつめられた心境ではあたり構わずに手を出してしまうんです」

負けるべくして負けていた、競艇にはまってはいても決してプロではなかったと、一郎は自嘲気味に言う。サラ金から借りた一〇万円、二〇万円が一日で水の泡。「もう終わりだ」と死ぬことばかり考えていた矢先に聞きつけたのが、被害者の会「高松あすなろの会」の存在である。そこで一郎は、初めて「自分の尻を自分で拭う」ことを学んだのである。自分で勉強して破産の手続きを行った。その過程で、家族とも向き合う機会が増えた。

「ギャンブル依存症」という言葉を知り、まさに自分のことだと思ったという。いままでのような片身の狭さが少し和らいだようでもあった。

「私は何でも消極的で、仕事でも家庭でも、物事に自信がなかったんです。困難があると挑戦するんじゃなくて逃げてしまう。休日には家族を放って競艇場へ行ったんです」

自分が借りた金を自分で清算する作業を通じて、一郎は現実から目をそむけている弱い自分をあらためて見つめることになった。そして何よりそれが自信回復への第一歩だったのである。

「家庭も面白くなく、休日にはウソをついて競艇場へ行った。夫婦の会話はなかった。ギャンブルにはまった原因のひとつはそこにあるのかも知れない」

いまではそんなことを、妻と話しあえるようになったという。

アルコールもパチンコも現実逃避

パートナーのギャンブル依存に悩むうち、いつしか自分もパチンコがやめられなくなってしまった。そんな女性に出会った。四国地方のアルバイト・大田紀子（三〇歳）である。

「いま思えば、同棲相手の次郎もギャンブル依存症だったんでしょうね」

紀子は微笑しながらつらい過去を話し出した。

学生時代から同棲していた次郎は、大のパチンコ好きだった。ガラス屋に勤めていたが、雨が降って仕事が休みになると欠かさずなじみのパチンコ店に入り浸っていた。紀子と次郎は、将来結婚することを考えており、同棲当時から二人で家計をやりくりしていた間柄だった。

ある日のこと、アパートの家賃を払おうと思った紀子は、自分の給料袋を開けて驚いた。一三万円から一四万円は入っていたはずの袋にはわずか二、三万円しか残っていないではないか。問いただすと次郎はあっさりと答えた。

「パチンコ代に使った……」

腹の虫がおさまらず、次郎の両親に事情を話した。「申し訳ない」と両親はひたすら謝るだけ。腹を立てた紀子は次郎をアパートから追い出した。それでも紀子は次郎を見捨てることはできなかった。このまま別れるか、それとも結婚するか――選択を迫られた紀子は迷った挙句に後者を選んだ。「結婚して一家の主になれば、次郎も自覚が出来て変わるんじゃないか。パチンコをやめてまじめに働くようになるんじゃないか」と、そう期待したのである。

しかし、結婚してまもなく、期待を裏切る事件が起きた。八月の夏の盛りのことだった。妊娠していた紀子は、突然体調を崩して緊急入院した。次郎は仕事で外出しており不在だった。何度連絡を試みても夫はなかなか病院には現れず、とうとう翌朝になって流産したのである。ショックで打ちひしがれた状態で、紀子は「夫にすぐ病院へ来るよう職場に連絡してほしい」と看護師に頼んだ。折り返し職場から連絡が来た。その内容は意外にも「病院に行くからと言っていた。仕事には出ていない」というものだった。

「仕事にも行っていない。病院にも来ていない……まさか」

その「まさか」が的中した。パチンコ店だ。紀子は友人の女性に電話をして次郎が通っているパチンコ店を探してもらった。案の定、台の前で夢中になっている次郎が発見された。

「紀子が流産して病院でひとりでいるのに、早く病院へ行かんか！」

友人にしかられてもなお、次郎は遊び足らないような様子で生返事を繰り返し、台を離れようとしなかった。結局、次郎が病院に姿を現したのは、とうに昼を回ってからだった。

この一件をきっかけに紀子は夫の顔を見るのも嫌になった。精神的にも不安定になってきた。そして、いつの間にか自分もパチンコにふけるようになってしまった。そればかりか朝から酒を飲んだ。ビールや日本酒、焼酎と何でも飲んだ。結婚生活はわずか一年で破綻、離婚しても次郎は相変わらずこづかいをせびってきた。仕事も解雇され、洋子のストレスは頂点に達していた。

深夜の酒場で働くようになり、日中はパチンコ店で過ごす生活が続いた。バブル経済がまだはじける前で、稼ぎはそこそこになった。しかし、浪費の仕方も半端ではない。酒におぼれ、パチンコにふける。朝の開店前に、一時間も二時間も早く行っていい台を狙った。たまに行かなかった日には、店員から「昨日はどうしたの?」と尋ねられる始末。すっかり日課になっていた。一度に数万円を失っても平気である。金が足らなければサラ金で借りた。

「仕事の疲れや家事のこと——考えすぎてしんどくなったときにパチンコをすると楽になったんです」

パチンコにふけっているときの気持ちを紀子はそう説明する。

「玉が出てくればうれしいが、出なくても台に夢中になっていれば、とりあえず自分を圧迫しているいろんな問題から解放されるんです。嫌なことを忘れていられる。でもいったん店を出たら現実に戻るんですけどね」

常連客に会うのも楽しみだった。「おはよう」。名前も知らない同士で挨拶を交わし、互いに応援する。彼らは酒を飲むなとか、パチンコをするなとか、無駄遣いをするなとか、決して小言を言わない。そんな快適な「友人」はここにしかいなかった。妙な人間関係だった。負けるのが分かっていても、あり金すべてなくなるまで打ち尽くす。金銭感覚はおろか、自分自身も見失っていた。

破滅的な生活を軌道修正するきっかけは、肉体的な限界だった。体を壊して動けなくなったのだ。床から起きられない、嘔吐、家に閉じこもる。生命の危険にさらされていた。医師の診断は「抑うつ神経症」さらに「アルコール依存症」。働けなくなったとたんに、浪費のつけが一度にのしかかってきた。サラ金の支払いである。家族の知るところとなり被害者の会に駆け込み、何年もかかって整理を行った。

さらに月日がたち、いまでは借金してまでパチンコをすることはなくなった。だが、完全には断ち切れないでいる。「ギャンブル依存症」からはいまだ回復途上にあるという。それでも、以前よりは現実を見る勇気と自信がついてきた。

「アルコールもパチンコも現実逃避なんです。自分を苦しめている問題から逃げるだけ。問題が解決するわけではないんですが、ふけっている間は酔っていられた。お金のことや人間関係のこと、自分の感情を押し殺して生きているしんどさなど、いろんな人生の苦しさを忘れていられた」

でも逃げたところで問題は解決しなかった。

「問題を抱えて苦しむ日が、また一日延びるだけ。依存症という病気だったんだと、もっと早く自覚していればよかったのに」

紀子は苦笑しながらつぶやいた。

2 ギャンブル依存症とはなにか——医師に聞く

ギャンブル依存症とは、医学的にはどういう症状なのか。さらにそこから回復するにはどうすればよいのか。酒、ギャンブル、買い物、過食・拒食、家族や異性への依存など、さまざまな依存症患者の治療にあたってきた内海剛聡医師（丸亀市・三船病院）に聞く。

やめたくてもやめられないというギャンブル依存症は倫理的な問題ではない。病気なんです。まず、病気なんだと認識することから治療の第一歩が始まります。

依存症患者の多くに共通しているのは、ギャンブルをしないときの彼らは〝生きづらさ〟のようなものを感じているということです。時には抑うつ状態になっていることもある。それが、ギャンブルをするとスリルを感じ、興奮して、絶望やうつ、哀れさ、むなしさなどを忘れることができるのです。感情の解消に失敗している人たちです。依存症の原因は、この感情の解消ができないという点にあります。

したがって、仮にギャンブルをやめることができても精神的な部分を解決できない限り、アルコールや買い物など別のものに依存してしまいます。対症療法を繰り返すだけではモグラたたきのように問題が出てきてしまうだけで、解決にはなりません。

こうした依存症の人を治療するときに目指すのは「感情の解放」です。その手段として、感情を記録する方法があります。どんなときにパチンコをしたくなったのか、どんな気持ちだったのかを記録することで自分を観察し、カウンセリングを受ける治療法です。

また、アルコールやギャンブルなど、依存する対象を失った患者は抑うつ状態になりがちで、場合によっては抗うつ剤を処方することもあります。さらに効果的なのが、プライバシーが確保された自助グループのような場所で、同じような体験をした者同士で、互いの気持ちを話し合う方法です。「自分はつらい」「つらかった」「いまもこんな問題を抱えています」「いろんな葛藤を抱えて生きてきました」という言葉をどんどん発していく。そうすることで気持ちが楽になるものです。

依存症の患者は、感情を抑えて生きてきた人が多い。そして自分のつらさを表現することが苦手な人たちです。依存症からの回復を願う人たちが集まった自助グループなどで、似た境遇の仲間に出会い、相手の話に共感する。これを繰り返すうちに、泣いたり、笑ったりといった感情が湧いてくる。そうなればしめたものです。

一方、家族や配偶者などの身近な人たちは患者と距離を取って接することが大切です。依存症の人は周りのものにしがみつこうとしますから、家族も依存者になってしまう恐れがあります。

過剰な支えあいの関係――共依存です。

ギャンブル依存の相談は、本人ではなく家族から多く寄せられます。本人が多重債務に陥ってしまい、代わりに支払い義務のない親や配偶者が二度、三度と返済をしているケースもよくあります。これは、自己責任を負わせず子ども扱いしているということにほかなりません。結果として本人は「倫理的に失格だ」と自分を責める気持ちに陥り、何度も同じ失敗を繰り返すことにつながるのです。

周囲の人にとって大事なのは、本人の回復を願って温かい気持ちで接することです。しかし、年齢不相応に世話を焼いたり、借金の尻拭いをすることとは違います。ときには、本人が立ち直ることを信じて、借金の尻ぬぐいや暴力を拒否することが必要です。

アルコール依存症やギャンブル依存症になるのは、比較的男性の方が多い。自殺率も男が高い。男は「助けて」となかなか言えないのかも知れません。「つらいんです」ということを表現しやすい社会になれば、嗜癖から解放される人も増えるのではないでしょうか。（談）

3　ギャンブル依存症回復施設――「ワンデーポート」

ギャンブル依存症は、医者に通うだけでは回復しない。何より効果があるのは、同じ悩みを持つ仲間と語り合いを繰り返すことだという。しかし、まだまだ日本では依存者が集える「語り合いの場」は少ない。こうした状況を少しでも改善するため、民間人の手によって、三ヵ月の合宿プログラムで回復を実践する施設が作られた。ギャンブル依存症回復施設「ワンデーポート」(横浜市瀬谷区相沢四―一〇―一　クボタハイツ一〇一　TEL・FAX　045―303―2621)だ。補助金とカンパで運営している。

ギャンブルで苦しむ人や家族にとって貴重な存在となった「ワンデーポート」の目的について、施設が発行している冊子より引用しよう。

現在、日本ではギャンブル依存症は「病気」として認められていません。ギャンブルで多重債務に陥った人がいたとしたら、本人もその家族も「強い意志を持つことが大切」、「自覚の問題」ということを口にするに違いありません。「依存症」という言葉自体も、心の病というより「意志の弱い自覚の足りない人」程度にしか考えられていないのではないでしょうか。一方、WHO（世界保健機関）や米国精神医学会では病的賭博（ギャンブル依存症）を病気として認定しています。アメリカではGA（注）は約二〇〇〇ヶ所でミーティングが開かれ、社会病理のひとつとして受け入れられています。日本社会ではこの病気に対する誤解と偏見のためにギャンブル依存症者を異端視する風潮があり、そのことが治療に向かう大きな壁になっています。そのようなギャンブル依存症者にとっては厳しい状況の中で、日本ではじめてのギャンブル依存症回復施設としてワンデーポートは二〇〇〇年四月に開設されました。ワンデーポートの第一の目的はギャンブル依存症者の手助けをすることです。スタッフは回復途中のギャンブル依存症者本人です。ワンデーポートは同じ悩みを持つ仲間とのミーティング（語り合い）を繰り返すことでギャンブルを必要としない生き方を学びます。

（『ワンデーポートからのメッセージ』より）

施設では現在、およそ一〇人が三ヵ月の合宿生活をしながら毎日三回のミーティングを繰り返しているほか、家族に対するセミナーや電話相談を行っている。

「ギャンブルが原因で離職を繰り返している」「債務整理を繰り返してもギャンブルがやめられない」「GAのミーティングが近くで開かれていない、あるいはGAのミーティング（の回数）が少なくてギャンブルがやめられない」——そんな人たちに勧めているという。自分自身、かつてはパチンコ依存を原因とした多重債務に苦しみ、いまも回復途上だという施設長の中村努さんに聞く。

（注）
ＧＡ（ギャンブラーズ・アノニマス）
一九五七年にアメリカで誕生した、ギャンブル依存症からの回復を願う人たちの共同体。アルコール依存症からの回復プログラムを参考にしている。日本では約二〇のグループが活動している

――ギャンブル依存症とはどういう症状ですか？
精神的、社会的、経済的不都合が出ているのにやめられない。コントロールできない症状です。アメリカ精神医学会の診断基準で「病的賭博」と呼ばれています。ワンデーポートでは現在一〇人くらいが一緒に生活をしながら、日に三度のミーティングをやっています。
――ミーティングの内容は
振り返りですね、自分の。過去の自分がどうだったか。言いっぱなし、聞きっぱなし。それを繰り返す。「お前はこうじゃないか」「ここが違うじゃないか」ということはいっさい言いません。自分で気づいていくということが大切なんです。私もスタッフとして支援しているけれど、方向

的なことは言っても細かいことはできるだけ言わないようにしています。自分で気づいていくという場を提供するということです。
相談は一日四、五件はあります。ほとんどが家族から。親とか奥さん。夫、兄弟というのもあります。ほとんどがお金の悩みです。借金を返しても返してもという……

――家族が

ええ、家族が払っても借金を作っちゃうという、ほとんどそういう相談です。お金の問題がないとまず来ませんね。中には警察に捕まったりとか、そういうケースもあるんですが、逆にその方が腹が決まっていていいんですよ、こっちとしては。そこまでいけば「お金の問題じゃない」と家族も思っているからです。それまでに尻拭いを何回もしているから。実は僕も警察に捕まったことがあります。

――中村さんも？

僕は当事者ですから。五〇〇円程度の物を盗んで捕まりました。
一六歳からギャンブルをはじめて、高校のときはパチンコ、大学のときに初めて学生ローンとかマルイのカードとかで借金をしました。就職するときにはもう多重債務者。就職しなかったんですが、高校の非常勤講師をしていました。教員試験を受けようとか考えたんですが、ギャンブルやっていたからそれどころじゃなかったんです。非常勤講師二年目で仕事投げ出した。二四歳のときでした。そのときに逃げたというか、失踪したんですね。五年間は非合法の雀荘みたいな、新宿歌舞伎町とかで働きました。そこで稼いだお金もギャンブルで使った。二九歳くらいまで。借金も払わないで逃げていた。

——借金から逃げた

借金から逃げたというより、家族や仕事、人間関係……いろんなものから逃げた。ギャンブルが原因であったのですが、すべてのことがいやになっちゃったということですよね。

五年くらいどん底の生活があって自分自身でどうにもならないな、となったときに、GAとかAA（注）とか自助グループの存在を知って参加して、アルコール依存症の施設とかいろんなところに行って回復のきっかけをつかんだんです。

——回復までにはどのくらい

ギャンブルは、六年間止まっていますけど、いまでも回復途上です。ワンデーポートのワンデーは「One day at a time」。「今日一日生きる」ということの繰り返しです。

（注）
AA（アルコホリックス・アノニマス）
一九三五年にアメリカで生まれた、アルコール依存症からの回復を願う人たちの共同体。回復には「一二ステップ」と呼ばれるミーティングを中心としたプログラムを使う。日本で約二五〇グループが活動している。

——どうやって回復を目指すんでしょうか

依存症というのは、回復者カウンセラーという言葉があるんですが、当事者が当事者を支援するという、ダルクという薬物の有名な施設、アルコール依存症の方でマック（メリノールアルコールセンター）という施設があるんです。

マックでは回復者が回復者を支援するという取り組みをしています。そのプログラムの礎《いしずえ》はAAというアルコール依存症者たちの自助グループにあります。AAではアメリカで一九三五年にはじまったんですよ。日本にAAが伝わったのが一九七五年。ギャンブルの場合、AAを参考にアメリカで一九五七年に始まった。日本に伝わったのが一九八九年。アメリカより大分遅れています。

——三〇年以上

病院を出て、AAに行くためにソーシャルモデルの中間施設が依存症の回復には欠かせないのです。いきなり社会に戻るんじゃなくて、「ハーフウェイハウス」と英語で言うんですが、社会復帰のためのAAのプログラムの基礎を学ぶ。心の回復です。内科的治療が終わって精神的な部分を回復させるという施設がアメリカにはたくさんあって、日本では、先ほど言ったマックですよね。AAに行くための施設が日本では二五年くらい前に始まっています。

——回復して社会に出る過程

そう、内科的に治療が終わったんですけど、依存症というは心の病ですから、要するになんで酒を飲んでしまうか、なんで酒に依存しているかという自分の生き方を見つめるために、ハーフウェイハウスというのがある。

――アルコール依存症の話

そう、それがマックという施設ですね。

――内科的な依存を治したあとで、精神的な回復をめざす

そうですね。メリノール会というところが最初お金を出して作っていたんです。いまは横浜マックとか、広島マックとか、地域地域にあって、そこでAAのプログラムを学ぶんです。半年とか通ったり、または入寮して、そこで社会復帰に向けてアルコールなしで生きるトレーニングをする。一日三回のミーティングをするんです。そのプログラムを参考にしてつくったのがワンデーポートです。

――マックを参考に

ええ、僕自身もマックに通いました。そのころはまだアルコール依存症の施設しかありませんでしたがプログラムは一緒なんです。ギャンブルも薬物もアルコールも。僕はギャンブルだけでアルコールは飲めないんですが、マックに行ったんですね。東京・板橋の「みのわマック」。そこには僕だけじゃなくて、ギャンブルの問題を抱えた人を受け容れていました。

実際問題として、AAやGAなどの自助グループだけではなかなか回復は難しい。自助グルー

プというのはある意味でゴールですからね。そこに行くために徹底して訓練するところが必要なんです。たとえば離婚もした、仕事も失った、すべてのものを失なったときに、そういう人たちが集ってどん底から出発するための施設があるということで助かるんです、アルコールや薬物では。

それでギャンブルでも絶対そういう施設が必要だと。アメリカでは入院の施設があったりします。そういういきさつでギャンブルだけのをつくろうと三年前に作ったのがきっかけです。マックもダルクもスタッフは回復者です。ワンデーポートでも基本的な活動を担っているのは回復者です。

――(ギャンブルと借金で困った家族がいた場合) どうしたらいい?

依存症というのは家族の病気だとよく言われます。本人もギャンブルの依存症なんだけれど、家族にも何らかの問題がある。

例えばアルコール依存症のお父さんがいて女の子がいるとします。そういう場合、お母さんはいつもお父さんの世話をしているわけです。娘はそれをずっと見てきている。そうすると「いい子」になるわけです。そのいい子が大人になったときに「お父さんみたいな人は絶対いやだ」と思っていても、そういう人しか見ていないわけですから、世話を出来る人をパートナーに選ぶ。するとまた同じような家族になってしまう。

日本的な考えでいうと、演歌的な世話女房っていいますよね。それがきれいな印象で歌われているが、それがそもそも病気なのです。人間と人間の依存、人間同士の依存があるということです。お金の問題にしても、ふつうなら「大人だから自分で解決しなさい」というのに「私がこの人のためになんとかしなくちゃいけない」「立ち直らせるためにがんばるんだ」とやる。そうすると、本人もどんどんだめになるし、家族もそれに巻き込まれていく。

——家族の病気でもあると……

ギャンブル依存症もアルコール依存症もそうですが、回復に向けて家族の集まりがある。この家族の集まりは、本人のギャンブルをやめさせるとかそういう問題に取り組んでいるんじゃないんです。家族の健康性、家族の回復を目指している。

——家族に問題があるケースが多い？

多いですね。共依存と言います。要は本人の世話をすることに依存しているわけですね。自分の満たされない部分を、その人を世話をすることで満たしているわけです。「私がいないとこの人だめになっちゃう」と言っているんだけど、実はその人のためじゃなくて自分の満足を得るためにやっている。機能不全家族という言葉もあります。

（相談電話が鳴る）

——いまの電話も家族の方から？

ええそうです。親離れ、子離れできていないケースが多い。共依存というのは、自分の問題と人の問題の区別がつかないというのでしょうか。親であれ、夫婦間であれ、正常な人間の関係というのはある程度距離があるわけです。よく「親しい人にこそ金を貸すな」とか言うじゃないですか。そういうのがない、巻きこまれてしまう。

でも僕のような当事者が「それはいけない」と言っても聞かないんです。逆に怒ってしまうこともあるんです。だから依存症に理解のある精神科医へ行ってくださいと言うしかない。

——家族や配偶者が相談してくるときに、訴え方に共通したものは？

「どうすればいいんですか？」「お金払わないとどうなる？」「借金どんどん増えているんじゃないか？」とか。

——自分のことじゃないのに

「ええ、それ息子さんのことでしょ」と僕なんかが言うと怒られることもあります。「ああ分からないな」と思うときには「精神科に行ってください」「家族のセミナーに参加してください」と伝えて専門家の対応を勧める。

——サラ金の問題について言えば、支払い義務がないのに自ら進んで払う家族もおり、無力感を感じることがある

「家族に請求すること自体が法律に違反しているんですよ」と言っても払う人は払うんです。要するに自分を満たしたい。自己満足の世界に浸りたいんです。もちろん世間体というのもあると思います。

——その心理とはどう解釈すればいいのか

それは、なぜギャンブルをやらなきゃいけないのかというのと同じだと思う。理由はおそらくありません。だから屁拭いするのも理屈じゃないんですね。もっとも理屈じゃいろいろ言いますよ。「この子は小さいころ交通事故に遭って不自由な思いをしたから、これくらいやらないとだめなんだ。弱い子だから」とかいろんな理屈はつく。でもよくよく考えると、尻拭いするのに理由はないのではないか。

——激増する多重債務者を見てどう思う

本当に不況でやむなく借金をしている人と、浪費なんかに問題があって借金をしている人と区別がされていないように思います。不況で借金が増えているというのは、サラ金がＣＭなどでイメージがよくなったこともある。不況だけが主な原因だと言っているが、実際は借りやすくなったというか、サラ金のイメージが上がったことによって、それで借りてしまってね、で「生活苦」って言ったら聞こえがいいですよね。

弁護士さんの前に行って「ギャンブルで借金作りました」といったら叱られるじゃないですか。ましてや免責不許可事由でもあるわけですし。でも本当に二〇歳代、三〇歳代の人が生活苦で破産するのかと疑問に思うんです。

——浪費？

ギャンブル含めた浪費という問題がもっとあるという気がしますよね。不況じゃなかったら、ギャンブルで使っていてもどうにか回るわけですよ。不況になったからその問題が出てきたような気がする。

ギャンブルで借金してはまった人が、やめたいか、やめたくないと思っているかについて言えば、家族が一生懸命尻拭いしている人は、やめたいとは思っていない。痛い目にあっていないわけだから。仕事もどうにか続いている、夫婦関係もごまかしながらとなれば、借金を整理したらまたやるだろうし、本当にやめたいとは思えないでしょうね。

――むしろ家族の問題
大きいでしょうね。

――そういう場合は、本人に実害がないですからね。

――「払わなくていい」といっても払う人がいるが
「専門家に行ってください」と言うだけです。なかなか行かないですけどね、そういう人は。「仕事が忙しい」とか言って言い訳をするものです。自分の力じゃだめなんだと認めないと、そういうところへ行かないじゃないですか。自分の力でこの人はよくできると思えば尻拭いをするじゃないですか。説得もするんですよ。でも、それがだめだと思ったら違う方法を考えて家族セミナーに行くわけ。

依存症の回復もそうですね。自分の中では借金をどんなに片付けたとしてもまた同じことになるんだ、と思えるようになれば違う方向へ向かう。それは家族も同じだとも思います。

依存症の人はみな孤独

——じゃワンデーポートに電話をかけてくるというのが大きな回復の一歩となる

そうですね。「登場する」というのが大きなステップです。ここに来るためには家族の協力が必要なんです。家族が払ったら何にもならない。あるいはここにくる段階で家族が四回、五回と尻拭いをしている。「もう尻拭いしてもだめだ」と決心がつかないとここには来ないわけです。だからここに来る段階で家族も本人もある程度自分の無力さを感じています。お金の問題しか見ていないと、サラ金を解決しても次はヤミ金が待っているということになってしまう。

——現実としてサラ金・ヤミ金は破綻者を生み出して社会不安をつくっている

借金がやめられない多重債務者自身が「(心の)病気なんだ」という認識を持って回復をめざす。いわゆる「一二ステップ」というものをつかって回復していく必要があるのではないか。ある医師の言葉ですが、アルコール依存症で言う内科的治療が、ギャンブルの場合は借金の処理にあたる。借金の整理は内科的治療なんですよ。病気の症状を抑えるという。肝臓の数値を下げるというのと同じ。でもそれだけでは問題解決にはならない。また酒を飲んでしまう。「内科的治療」を被害者の会や弁護士、司法書士がやるんだけれど、大事なのはその後です。精神的な回復を支えるネットワークが必要だと思う。最終的には自助グループを案内するという方向です。

依存症というのは尋常ではない状態です。本人も家族も当たり前のことが出来なくなっている。金銭感覚も、浪費をする金銭感覚というのは結構けちだったりするわけですよ。特にギャンブルの人はけちですよ。切りつめて切りつめて爆発する。ギャンブルをするときの金銭感覚と普段の感覚が別ものです。

——酒飲みが何万円も飲んで、タクシー代をケチるのと同じ

そうそう。一般の常識のレベルではない。ヤミ金から借りるというのがそれだけで狂気の世界じゃないですか。そんな世界に足を突っ込んでいる人に対症療法をやっても、効果はないような気がする。よくなる人もいるだろうが、もっと根本的に生き方とか、自分がどういう人間であるか見つめる場所が必要だと思うんです。

——理想的な回復のシステムとは

順番は逆でもいいんだが、心の治療をする。アルコールも内科的な治療だけでなく病院の中で自助グループをやっていたりするんですね。一二ステップというのがアメリカではすごく浸透している。ワンデーポートの役割は回復施設です。病院だけではよくならないのがギャンブル依存症だと思います。

本当にうつ病で医師の治療が必要な人もいるし。精神科からGAに行く人がいてもいいし、ワンデーポートを通ってGAに行く人もいてもいい。直接GAへ行ってもよい。

——自助グループとは

いろんな人がいるところです。今日やめた人がいると思えば、二〇年になる人もいる。二〇年やめている人が、今日やめた人に会えば力をもらえる。二〇年前の自分を見るわけですから。い

ろんな人が公民館とか公の場で決まった日時に集まる。匿名で話すのが特徴。最終的にワンデーポートも三ヵ月とかたてばプログラムが終わるわけですよ。ＧＡという自助グループに行くためのプログラムなんです。

ＧＡが大学だったらワンデーポートはＧＡの予備校みたいなもの。ワンデーポートはＧＡのプログラムの基礎を学ぶ場所です。または、とりあえず逃げてきてプレッシャーから解放される場所です。

――依存症からの回復とは

……難しいが、依存症の人はみんな孤独なんです。表面上は人付き合いができるけれど自分の考えを溜め込むタイプと、まわりを支配して孤独になるタイプと、いろいろいるんですけれど、基本的に本当の人間関係が結べない。壁を作ってしまう。ひとつは、そういう孤独から解放されるということ。仲間と会うことによって同じような生き方をしてきた人たちなら仲間意識が持てる。ある医師が言っていましたが「人間って、もともと集団になる本能がある。でも依存症の人って孤独だから本能が満たされない」というんです。

依存症の回復は、問題を抱えている人と一緒にミーティングに参加して分かち合いをする、仲間になることで自分で心地よくなる。そういう感じが回復の道筋です。

長くたつと、ミーティングに行くことがギャンブルをやめるために行くんじゃなくて、生活になるんです。苦しくて行くわけじゃない。生活の一部になる。

――人間関係の問題というのは

大きいです。本当に例外なく孤独ですよね。私自身孤独でしたよね。いや「孤独でいいや」と思っていました。みんな「俺にはギャンブルがあるから」と。ギャンブルやっているときは孤独じゃないわけですから。

――不健康な状態

家族も孤独だと思いますよ。私がなんとかしないといけないとか。家族も回復プログラムというのがあって、同じように不安から解放していくんです。

――たとえば母子がいて、尻拭いをしている。一心同体のようでも孤独？

お金の結びつきはあっても精神的な結びつきはないですよね。不健康な結びつきですよね。互いに孤独だと思いますよ。逆に親を恨みますよね、そういう親だと。お金を尻拭いする親を、心のそこでは「ざまあみろ」と思っていたり。

――ここへ来たり、ＧＡへくると孤独から解放される？

ええ。それは新しい生き方につながるわけじゃないですか。いままでは人に反発して生きてきた。原因は怒りであったり恨みであったり、そういうマイナスの要因があるわけです。恨みの原因は家族であったり社会であったり。そういうのをひとつひとつ取り除いていく作業ですね、回復とは、たぶん。その中で仲間意識が持てたり、落ち着き、安らぎが求められるんです。そうすると、依存する物質を必要としなくなる。仲間なんだという安心感があれば、一人じゃないという。

——人間というのは一人では生きていけない

ええ、そう思いますよね。

あとがきに代えて

一連の取材を終えたいま、私にはまだ分からない。卑劣な手段で弱者から金を巻き上げ、人間性を破壊し、ときに自殺にまで追い込む犯罪大産業――このヤミ金がどうして何年もの間にわたって堂々と商売を続けてこられたのか。警察はどうしてこれほどの犯罪を放置してきたのか。警察だけではない。国税局は動かなかった。多数のヤミ金口座を持つ銀行も、ごく最近までヤミ金被害撲滅に非協力的な態度をとり続けた。振り込み手数料収入で多少は潤ったことだろう。ほとんどの地方自治体はいまだに消極的だ。

確かに言えるのは、大量の資金が暴力団に流れ込んだという事実である。

法の無知や経済的な弱みにつけ込む手口はサラ金とて同じだ。不況を追い風にほくそ笑む一方で、消費者は財という財を吸い上げられ干からびて、一人またひとりとつぶれていく。仕事を失い、家族は別れ、失踪・自殺が増える。犯罪も起きる。ヤミ金・サラ金の高利貸金業が栄えるほどに日本の経済は落ち込み、すさみ、滅んでいくような気がしてならない。

「亡国の高利貸」――私は警告の意味を込めて本書の副題をそう名づけた。

二〇〇三年七月、与野党の折衝が続いてきた「ヤミ金対策法」（出資法、貸金業規制法改正）が成立した。改正法には出資法の罰則強化をはじめ違法行為に対する厳罰化が盛り込まれた。今度こそ、捜査機関としての警察の取り締まり能力が問われる。いくら法律が制定されても、警察が断固として取り締まらなければ、この違法なヤミ金融はなくならない。

法改正をめぐる最大の争点は「出資法違反、貸金業規制法違反の契約を無効として、元本返済の必要はない」ということを明記するか否か――という点にあった。ヤミ金を撲滅する上で最も効果的な方法が、この「元本を返さない」という手法である。ヤミ金にとっての「元本」は、いわば恐喝するための材料に過ぎない。一万円を「貸した」ことに言いがかりをつけて「借りた金を返せ」とばかり一〇万円、一〇〇万円をむしりとる。

言いがかりの材料としての元本が回収できないことは、ヤミ金にとって最大の打撃となる。損をするから貸せなくなる。そうすれば自然と消滅していく。元本の回収はヤミ金の生命線だ。だが、「元本返済の必要はない」という言葉を明記することに自民党はなぜか強く抵抗した。民主党も難色を示した。結果、妥協に妥協を重ねて「年一〇九・五％を超える割合による利息の契約をした場合は、当該消費貸借の契約は無効」との文言を貸金業規制法に入れることでかろうじて与野党が合意した。元本の返済については明記されないものの、元本を返さなければならないという意味ではない。従来どおり、返済義務はないと考えてよい。

それにしても犯罪集団としてのヤミ金を撲滅するための法律を、自民党はどうしてこうも骨抜きにしようと粘るのか。まさかヤミ金産業から献金を期待しているわけでもないだろうに、疑問が残る。

出資法の上限金利は「業」として行う場合は年二九・二％、個人間の金銭貸借ならば年一〇九・五％。「年一〇九・五％」とは、個人間の貸し借りに限ってのことで、通常のヤミ金の場合は「年利二九・二％を超えた契約は無効」と考えてよい。

ヤミ金について考える場合、刑事の問題と民事の問題を分けなければ、ヤミ金業者の詭弁に惑わされがちだ。交通事故に例えるなら、人身事故を起こして業務上過失致傷に問われ罰金刑を受けるのが刑事処分で、治療費や慰謝料、車の修理代の支払いをめぐって示談する。あるいは損害賠償請求をするという交渉が民事の話である。

ヤミ金に置きかえると、出資法違反・貸金業規制法違反が刑事処分の対象となり、一方、債務者がヤミ金に払いすぎた金や慰謝料を請求したり、あるいはヤミ金が元本の返済を求めている問題が民事の領域である。

明らかに言えるのは、民事の問題として犯罪の加害者たるヤミ金がまともな方法で債権を申し立て被害者に金を請求するようなことはまずない。交通事故の加害者が、被害者に対して車の修理代を請求するようなものだろう。裁判所などの明るい場に出てこられないような連中である。

たとえば、姿を見せないある都内のヤミ金業者は、取材に対して次のようにわめき散らした。

ヤミ金　借りた金は返すのが当たり前だろう！

――お宅は貸金業者？　名前は、住所は？

ヤミ金　うるさい！　なんでそんなこと言う必要があるんだよ

――貸金業登録番号を

ヤミ金　うるさい、コラ、何が登録だ！　そんなことなぜお前に言わなきゃならねえんだよ！

○子に替われ！

――貸金業者じゃなかったら誰？　ヤミ金か？

ヤミ金　ヤミ金じゃねえよ、友達に貸したんだよ。なにが悪い

――友達じゃない、知らないと言っている

ヤミ金　うるさい、知り合いだ。駅で知り合ったんだよ。歌舞伎町だよ（債務者自身は四国在住で

ヤミ金業者の顔も知らない）。

――歌舞伎町のどこだ？

ヤミ金　金返せよ、バカ。お前二四時間守ってやれるのか！　中途半端なことはやめろ！

――債権あるんだったら裁判所で貸金請求なり、調停なりしたらいかがですか？

ヤミ金　なにが裁判所だよ。裁判所なんか行くわけねえだろ！　テメエ、コラ

こんな相手がいくら「金返せ」と言ったところで、嫌がらせの域は出ず、らちはあかない。交渉の余地なしである。金を払う必要がないどころか、暴言に対する慰謝料を請求すべきだろう。

万一、元本をめぐって争いになった場合でも「犯罪行為であるヤミ金は民法の公序良俗に違反しており、そのために支払われた金は不法原因給付に当たり返還義務はない」という趣旨の判例がある。大体、住所も氏名も明らかにできない闇の稼業である。最も恐れるのは明るいところに出てまともな議論をすることだ。何万軒というヤミ金が跋扈《ばっこ》する中で、いまだ貸金請求の訴訟を起こした例は聞いたことがない。

「元本返済の必要がない」という文言は、今回の改正法に明記されなかった。だが決して元本を返済しなければならないという意味ではない。従来どおり返還する必要もなければ、義務もない。ヤミ金を撲滅するために、ヤミ金地獄から脱出するためにもビタ一文返済しないのが最善の策だ。

ようやく念願のヤミ金対策法が成立した。しかし各地の被害者の会では以前にも増して悲鳴を上げ続けている。四国から、関西から、東北から——自殺の悲報が次々に届く。

またひとりの男性が、サラ金とヤミ金に追いつめられ非業の死をとげた。後には妻と子が残された。妻は悲痛な思いを次のような手記にしたためた。

今年、夫は自殺しました。ある日夫は突然家を出て行方不明になりました。捜索願を出して、夫の携帯電話に必死で連絡を取っていましたがとうとう「亡くなっていました」という連絡が警察から入りました。夫のそばからヤミ金融に支払ったと思われる銀行の振り込み用紙や通帳、手帳などが見つかりました。普通のサラリーマンで酒も飲まず、ギャンブルもせず、仕事が終わればまっすぐ家に帰り子どもたちとよく遊んでくれるいいお父さんでした。

　ある取り引きをみると一万一〇〇〇円を振り込まれ、週に一万七〇〇〇円をずっと払い続けていました。どうしてこんな法外な金利を払い続けたのか不思議に思いましたが、その後、私たちが受けた暴力的な取り立てでその理由が分かりました。

「奥さんはまだ若いんだろう。いい体しているのか」「身内の職場に電話して居られないようにしてやる」などとひどい口調で脅されました。夫もそういう取り立てを受けていたのだと思います。家族を守らなければならないという責務からヤミ金融に払っていたのでしょう。

　子どもも相当な精神的打撃を受けているようです。夫が行方不明になってからは自宅へ変な電話が頻繁にかかるようになりました。取り立てと思われる人たちが日に何人も訪ねてくるようになり、玄関のドアをたたき大声で怒鳴りました。子どもも怯えきってしまい、家族で肩を寄せ合って不安な日々を過ごしました。

　葬儀の最中にも親族の携帯電話に取り立ての電話が入りました。葬儀中だと告げても「あーそうなの」と取り合わず、切っても鳴り止みませんでした。その後、親族の勤務先に毎日嫌がらせの電話が何十回もかかり、あやうく解雇になるところでした。

　自宅への電話も止むことはなく「死亡した」と伝えても「お前の亭主は負け犬だ。借りた金も返せない奴だ」と言われ、五分おきに二時間もの間電話し続けられました。

主人の遺品（手帳など）を調べて借入先などを整理していくうちに、かなりの数のヤミ金融との取り引きがあることが分かりました。その手帳には、亡くなる数日前の日付で「百二十七万円おどし」という走り書きがあり、高額の支払いを迫られている様子でした。

ヤミ金融とかかわらなければ夫は命を落とすことはなかったと思っています。最初借りたのはたかが数万円です。ヤミ金融は払っても払っても終わりはなく、借り入れ件数が増え続けるシステムのようです。ひとたび入り込むと脅迫的な取り立てで精神が追い込まれ、パニック状態に陥って、最悪の結末の「死」を夫は選んだのではないでしょうか。

自殺した男性が残したヤミ金に関するメモ

　こういう悲劇が繰り返されることがないよう、私は告発することにしました。夫は家族に迷惑をかけまいと内緒にし、一人でその問題を抱えたまま逝ってしまいました。しかし、傍らに残された手帳や通帳は（無念を晴らしてほしいという）私たちへのメッセージだと思います。被害者の会へ行き、解決の道があることを知りました。どうしてもっと早く相談してくれなかったのか、悔やんでも悔やみきれません。悩んでいる人がいたら言いたい。「死」は決して解決にはなりません。

夫が大好きだった子どもは、いまも絶えないヤミ金融の電話に悩まされながら毎日仏壇に線香をあげています。お父さんに「行ってきます」とあいさつして登校していきます。父の日にはお父さんが好きだったものを供えようと子どもと一緒に相談しました。（中略）

「ヤミ金融対策法」の制定が審議されていると聞いております。一日も早くヤミ金融が無くなり、二度と私たちのような被害者が出ないような厳しい法律をつくってください。

手記は小泉首相をはじめ、国会議員全員に送られた。はたして遺族の悲痛な叫びは、日本の行方を握る政治家や高級官僚たちの心に届いたのだろうか。その後、遺族は遺品のメモをもとにヤミ金業者を割り出す作業を続け、被害者の会や弁護士・司法書士有志約六〇人が代理人となって、関連のある数十軒のヤミ金業者を脅迫・出資法違反容疑で警視庁に刑事告発した。

ヤミ金の見境ない暴力は、教育現場にも及んでいる。小学校や中学校にも脅しや嫌がらせの電話がかかりファックスが送られてくる。ある四国地方の小学校では、低学年の男児を名指しして「万引きをした。学校は指導しろ！」という匿名の電話がかかり、「詐欺師、ドロボー」と殴り書きされたファックスが届いた。男児は「ぼく万引きなんかしていない。泥棒じゃないよね」と涙を流して親に訴えたという。別の高校ではヤミ金被害者の女性の息子を名指しして「生徒を辞めさせて働かせろ!!」という嫌がらせ電話がかかった。子どもが受けた心の傷の深さは想像に余りある。

「追いはぎ集団」ヤミ金は、いまやいつ誰が被害に遭ってもおかしくないところまで増殖してしまった。そして、ヤミ金対策法が出来たからといって、たちまち撲滅できるとは限らない。ウンカの大群のように荒らしまわる集団に対しては、家庭、地域、行政、ともに力を合わせて立ち向かうしかない。どんなに脅されようが、皆で力を合わせて戦えば必ず追い払える。

ヤミ金に襲われたら、一刻も早く被害者の会や弁護士会、司法書士会に駆け込むことだ。そしてヤミ金に「支払わない」と宣言する必要がある。しばらくは猛烈な脅しと嫌がらせが続くだろう。だが、それは一時のことだと思って乗り切ってほしい。金を払わないことで断ち切るしか抜け出す方法はない。「出資法違反」「貸金業規制法違反」を繰り返し主張し、警察に何度も訴える。録音を取り警察に持っていく。職場に、近所に嫌がらせがくれば、各人から警察に通報してもらう。どうやっても金が取れないと分かるといずれあきらめる。

またヤミ金に襲われないための予防処置も重要だ。そのためには、まずヤミ金の入り口であるサラ金に近づかない。サラ金のＣＭが流れる時間帯には、子どもにテレビを見せないというのも一案かも知れない。借りている場合は即刻、特定調停を申し立てるか取引履歴の開示を求めて、利息制限法での金利計算を要求する。そうすれば債務額は、サラ金が請求している金額より必ず減る。五年以上払ってきた場合なら過払いの可能性もあるので、さっさと取り返す。サラ金が抵抗すれば、財務局などの監督官庁に訴えればよい。親や配偶者など支払い義務のない第三者は絶対に肩代わりをしない。

サラ金に追いつめられなければヤミ金にはまることも狙われることもない。とにかく、一人で悩むのが最も危険だ。サラ金・ヤミ金で困ったら、すぐに最寄の被害者の会か弁護士会、司法書士会に相談することをお勧めする。

少しばかりの勇気と知恵、そして仲間がいれば、ヤミ金もサラ金も決して恐くない。

なお、文中、年齢・肩書きは取材当時、被害者のお名前は、すべて仮名としました。

また、本書を執筆するにあたり、被害者の方々をはじめ、多くの方のご協力をいただきました。この場を借りて厚くお礼を申し上げます。

（二〇〇三年八月一日）

初出一覧

Ⅰ章　ヤミ金爆発前夜　「山陽新聞」香川版二〇〇〇年一一月七日から一八日まで五回連載「ルポ違法金融」。当時の取材メモをもとに執筆した。

Ⅱ章　債権回収屋G—ある司法書士の闘い　『週刊金曜日』二〇〇二年一〇月一八日号「債権回収屋〝G〟」

Ⅲ章　不動産担保融資に注意　『週刊金曜日』二〇〇三年二月二八日号

Ⅳ章　ギャンブル依存症　「山陽新聞」香川版一九九九年一二月六日「ギャンブル依存症ルポ」。当時の取材メモをもとに執筆した。

全国クレジット・サラ金被害者連絡協議会加盟「被害者の会」連絡先

事務局(総合窓口)	TEL：03-3774-1717	FAX：03-3774-1804
【北海道】		
札幌　陽は昇る会(札幌市)	TEL：011-232-8605	FAX：011-222-4135
たんぽぽの会(帯広市)	TEL：0155-37-7119	FAX：0155-37-7119
【東北】		
みやぎ青葉の会(仙台市)	TEL：022-711-6225	FAX：022-711-6228
岩手県商工団体連合会・宮古民主商工会・ウミネコ道場（宮古市）	TEL：0193-63-1346	FAX：0193-64-0494
いわき　コスモスの会（いわき市）	TEL：0246-24-1144	FAX：0246-24-1147
【関東甲信越】		
桐生ひまわりの会(桐生市)	TEL：0277-55-1400	FAX：0277-55-1429
新潟あゆみの会(新潟市)	TEL：025-243-0141	FAX：025-245-5922
ながのコスモスの会（長野市）	TEL：026-268-0130	FAX：026-243-9004
中南信コスモスの会(岡谷市)	TEL：0266-23-2270	FAX：0266-23-6642
東信コスモスの会(上田市)	TEL：0267-64-8786	FAX：0268-29-1861
【首都圏】		
太陽の会(東京都大田区)	TEL：03-3774-1717	FAX：03-3774-1804
はばたきの会(豊島区)	TEL：03-3950-6018	FAX：03-3950-6074
中野こだまの会(中野区)	TEL：03-3387-3341	FAX：03-3389-4306
川の手市民の会(足立区)	TEL：03-3870-7811	FAX：03-3870-8822
再起の会　三多摩クレサラ対策協議会（調布市）	TEL：0424-86-5520	FAX：0424-86-7764
菜の花の会(船橋市)	TEL：047-495-5077	FAX：047-495-5088
しおさいの会(横須賀市)	TEL：046-825-2008	FAX：046-823-6416
ヨコハマかもめ会(横浜市中区)	TEL：045-224-6692	FAX：045-224-6686

横浜南クレサラネット市民の会（横浜市戸塚区）	TEL：045-861-3009	FAX：045-803-6271
川崎クレジット・サラ金対策ネットワーク市民の会（川崎市）	TEL：044-911-9450	FAX：044-911-9450
夜明けの会（桶川市）	TEL：048-774-2862	FAX：048-772-0076
【東海・北陸】		
愛知かきつばたの会（名古屋市）	TEL：052-916-9131	FAX：052-911-3129
西濃れんげの会（大垣市）	TEL：0584-92-3307	FAX：0584-91-8167
金沢あすなろ会（金沢市）	TEL：076-262-3454	FAX：076-262-3606
三重はなしょうぶの会（四日市市）	TEL：0593-52-6696	FAX：0593-94-3269
【関西】		
いちょうの会（大阪市北区）	TEL：06-6361-0546	FAX：06-6361-6339
クレサラ・商工ローンの被害をなくす吹田市民の会　さざなみ（吹田市）	TEL：06-6382-5275	FAX：06-6382-8190
尼崎あすひらく会　（尼崎市）	TEL：06-6426-7243	FAX：06-6426-7243
神戸あすひらく会　（神戸市長田区）	TEL：078-578-1869	FAX：078-578-1869
あざみの会　（和歌山市）	TEL：073-424-6300	FAX：073-424-6300
平安の会　（京都市中京区）	TEL：075-212-2300	FAX：075-212-2300
【中国・四国】		
岡山つくしの会（岡山市）	TEL：086-231-6416	FAX：086-222-2725
倉敷つくしの会（倉敷市）	TEL：086-424-8029	FAX：086-427-0959
津山つくしの会（津山市）	TEL：0868-23-7365	FAX：0868-24-6217
真庭つくしの会（岡山県真庭郡久世町）	TEL：0867-42-0443	FAX：0867-42-0443
広島つくしの会（広島市）	TEL：082-221-6433	FAX：082-223-0140
福山つくしの会（福山市）	TEL：084-924-5070	FAX：084-924-5070
呉つくしの会（呉市）	TEL：0823-22-7265	FAX：0823-32-7289

尾道つくしの会(尾道市)　TEL：0848-23-8229　FAX：0848-23-6410
松江つくしの会(松江市)　TEL：0852-25-3456　FAX：0852-25-3458
米子クレ・サラ・ヤミ被害対策協議会（米子市）
TEL：0859-38-0360　FAX：0859-38-0360
丸亀あすなろの会(丸亀市)　TEL：0877-22-4333　FAX：0877-22-4333
高松あすなろの会(高松市)　TEL：087-834-6661　FAX：087-834-6710
松山たちばなの会(松山市)　TEL：089-935-7278　FAX：089-935-7278
宇和島たちばなの会(宇和島市)　TEL：0895-24-0234　FAX：0895-24-2423
藍の会(徳島市)　TEL：088-622-1268　FAX：088-622-1495

【九州・沖縄】
しらぬひの会(大牟田市)　TEL：0944-52-4331　FAX：0944-52-6144
ひこばえの会(福岡市)　TEL：092-761-8475　FAX：092-761-8485
小倉めかり会(北九州市小倉北区)
TEL：093-922-8272　FAX：093-922-8272
八幡めかり会(北九州市八幡西区)
TEL：093-603-2739　FAX：093-691-1401
京築めかり会(行橋市)　TEL：0930-23-0977　FAX：0930-23-7813
筑豊地区サラ金問題対策協議会（飯塚市）
TEL：0948-25-5903　FAX：0948-25-5974
おんがの会(直方市)　TEL：0949-25-0411　FAX：0949-25-1853
クレサラ被害をなくすネットワーク（久留米市）
TEL：0942-34-9333　FAX：0942-30-7182
田川めかり会(福岡県田川郡)　TEL：0947-72-7356　FAX：0947-72-7356
九千部道場(佐賀県鳥栖市)　TEL：0942-83-7648　FAX：0942-83-0509
長崎あじさいの会(長崎市)　TEL：095-828-4568　FAX：095-825-4919
NPO法人・大分クレ・サラ被害者の会「まなびの会」(大分市城崎町)
TEL：097-534-8174　FAX：097-533-6547
麦ふみ会(宮崎市)　TEL：0985-26-4656　FAX：0985-26-4659

熊本クレジットサラ金日掛被害をなくす会（熊本市） TEL：096-351-7400　FAX：096-351-7402 沖縄クレジット・サラ金被害をなくす会（那覇市） TEL：098-836-4851　FAX：098-836-4852

このほか、各地の弁護士会、司法書士会、民主商工会でも相談に応じている。公的機関としては、警察、行政、消費生活センターなど。自治体によって対応の程度には相当な温度差があり、結果が悪くてもあきらめないことが重要だ。また、多重債務問題を取り上げている新聞があれば、新聞社に直接相談してみるのも一案かも知れない。例えば「中日新聞」（名古屋市）の家庭面は、サラ金・ヤミ金問題に詳しい。

長野県の場合は、田中康夫知事の旗振りにより、全国に先駆けて自治体を挙げてのヤミ金対策に乗り出しており、長野県庁の担当各部署に「ヤミ金110番」が設置されている。ほかの自治体も参考にしてほしい。

三宅勝久（みやけ　かつひさ）

1965年岡山県生まれ。フリー記者、報道番組制作リサーチャー。93年から97年にかけてフリー報道写真家として中南米・カリブ・アフリカを取材。97年「山陽新聞」（本社・岡山市）入社、社会部、高松支社を経て2002年3月に退社。「債権回収屋“G”」で第12回『週刊金曜日』ルポルタージュ大賞優秀賞。同じ事件をテレビカメラで追ったドキュメント番組「債権回収屋ＶＳ司法書士」（日本テレビ「真相報道バンキシャ」で放映）の取材を担当。『週刊金曜日』掲載の武富士批判記事をめぐり同社から1億1000万円の損害賠償を求める訴訟を起こされ、東京地裁で係争中。

サラ金・ヤミ金大爆発――亡国の高利貸――

2003年8月25日　　初版第1刷発行

著者 ―― 三宅勝久
発行者 ― 平田　勝
発行 ―― 花伝社
発売 ―― 共栄書房
〒101-0065　東京都千代田区西神田2-7-6 川合ビル
電話　03-3263-3813
FAX　03-3239-8272
E-mail　kadensha@muf.biglobe.ne.jp
http://www1.biz.biglobe.ne.jp/ ~kadensha
振替 ―― 00140-6-59661
装幀 ―― 神田程史
絵 ―― 奥　啓介
印刷・製本 ― 中央精版印刷株式会社

ISBN4-7634-0407-5　C0036

花伝社の本

内部告発の時代
—組織への忠誠か社会正義か—

宮本一子

定価（本体 1800 円＋税）

●勇気ある内部告発が日本を変える！
新しい権利の誕生——世界の流れに学ぶ。
内部告発の正当性／アメリカの歴史と法／イギリスのケース／韓国のケース／内部告発世界大会からの報告／日本人の内部告発についての意識／ビジネス倫理と企業の対応 etc

コンビニの光と影

本間重紀　編

定価（本体 2500 円＋税）

●コンビニは現代の「奴隷の契約」？
オーナーたちの悲痛な訴え。激増するコンビニ訴訟。「繁栄」の影で、今なにが起こっているか……。働いても働いても儲からないシステム——共存共栄の理念はどこへ行ったか？

優越的地位の濫用——契約構造の徹底分析。

コンビニ改革の方向性を探る。

コンビニ・フランチャイズはどこへ行く

本間重紀・山本晃正・岡田外司博　編

定価（本体 800 円＋税）

●「地獄の商法」の実態
あらゆる分野に急成長のフランチャイズ。だが繁栄の影で何が起こっているか？　曲がり角にたつコンビニ。競争激化と売上げの頭打ち、詐欺的勧誘、多額な初期投資と高額なロイヤリティー、やめたくともやめられない…

適正化への法規制が必要ではないか？

冷凍庫が火を噴いた
—メーカー敗訴のＰＬ訴訟—

全国消費者団体連絡会
ＰＬオンブズ会議　編

定価（本体 2000 円＋税）

●ＰＬ訴訟に勝利した感動の記録
三洋電機冷凍庫火災事件の顛末。ＰＬ訴訟は、消費者側が勝つことが極めて困難と言われている中で、原告、弁護団、技術士、支援の運動が一体となって勝利した貴重な記録と分析。

あとをたたない製造物被害。ＰＬ訴訟はこうやれば勝てる。東京地裁判決全文を収録。

［ココ山岡事件記録］
クレジット代金を返せ

ココ山岡被害者救済全国弁護団連絡会議　編

定価（本体 2500 円＋税）

●若者とダイヤとクレジット
実録・ココ山岡訴訟。被害者10万人——若者を狙った強引なダイヤ商法。早期に画期的な全国統一解決を勝ち取った巨大消費者事件の記録。繰り返されるクレジット被害をなくすために。

死刑廃止論

死刑廃止を推進する議員連盟会長
亀井静香

定価（本体 800 円＋税）

●国民的論議のよびかけ
先進国で死刑制度を残しているのは、アメリカと日本のみ。死刑はなぜ廃止すべきか。なぜ、ヨーロッパを中心に死刑制度は廃止の方向にあるか。死刑廃止に関する世界の流れと豊富な資料を収録。［資料提供］アムネスティ・インターナショナル日本